# 档案工作
# 实务研究

丛 筠◎著

哈尔滨出版社
HARBIN PUBLISHING HOUSE

图书在版编目（CIP）数据

档案工作实务研究／丛筠著. -- 哈尔滨：哈尔滨
出版社，2025.1
　　ISBN 978-7-5484-7854-6

　　Ⅰ. ①档… Ⅱ. ①丛… Ⅲ. ①档案工作-研究 Ⅳ.
①G27

　　中国国家版本馆 CIP 数据核字（2024）第 091107 号

书　　名：**档案工作实务研究**
　　　　　DANGAN GONGZUOSHIWU YANJIU

作　　者：丛 筠 著
责任编辑：李金秋

出版发行：哈尔滨出版社（Harbin Publishing House）
社　　址：哈尔滨市香坊区泰山路 82-9 号　邮编：150090
经　　销：全国新华书店
印　　刷：北京虎彩文化传播有限公司
网　　址：www. hrbcbs. com
E - mail：hrbcbs@ yeah. net
编辑版权热线：（0451）87900271　87900272
销售热线：（0451）87900202　87900203

开　　本：787mm×1092mm　1/16　印张：12　字数：235 千字
版　　次：2025 年 1 月第 1 版
印　　次：2025 年 1 月第 1 次印刷
书　　号：ISBN 978-7-5484-7854-6
定　　价：68. 00 元

凡购本社图书发现印装错误,请与本社印制部联系调换。
服务热线：（0451）87900279

# 前　　言

　　档案作为"历史的记忆",是一种知识贮存、信息存在和文化沉积与传播的重要形式和手段,是现代知识管理、信息资源管理和文化资源开发的重要内容,在当今社会受到前所未有的关注和重视,并对其产生了广泛而深入的实际需求。具备适应时代要求的档案管理知识和技能,也成为社会对人才基本素质要求的重要组成。档案管理工作是用科学的理论和方法管理档案,提供档案为各级党政机关、社会组织和个人服务的工作。档案管理工作的基本任务是收集齐全、妥善保管、整理加工和开发利用各种门类和载体的档案,不仅为档案形成者的各项管理工作服务,而且应承担起记录历史、传承文化的社会重任。

　　档案管理工作的历史悠久,起源于人类文明的早期,并随着社会政治、经济、科技、文化的发展而不断发展变化。20 世纪中后期以来,纸质环境下的传统档案管理工作开始向数字环境下的现代档案管理工作过渡,在这样一个电子文件大量产生、纸质文件与电子文件长期并存的时代,档案管理的理论、方法和实践面临着众多机遇和挑战。档案工作者必须不断学习,超越自我,掌握扎实的专业知识,具备良好的综合素质,才能适应档案工作发展的需要。

　　本书共七章,第一章为文件管理,阐述了文件、文件的形成与处理以及文件整理与归档。第二章为档案管理,以档案为中心阐述了档案分类原则与方法、档案保管与保护技术及档案检索与利用服务。第三章为档案实体管理实践,论述了档案收集与整理流程、档案鉴定与销毁策略及档案库房管理与安全防护。第四章为档案信息资源的开发利用,阐述了档案信息资源开发利用概述、档案信息资源开发利用的途径和方法及档案编研与展览。第五章为电子档案管理系统与应用,阐述了电子档案的概述、电子档案管理系统介绍和电子档案的安全与管理措施。第六章为数字化转型下的档案工作变革,阐述了传统档案工作面临的挑战与机遇、数字时代档案工作的新趋势和新要求以及企业内部协同与外部合作在档案工作中的运用。第七章为档案工作未来发展,阐述了信息技术对档案工作的影响与作用和新兴技术在档案工作中的应用前景。

# 目　　录

# 第一章 文件管理

## 第一节 文 件

### 一、文件的概念与属性

#### (一)文件的概念

文件的基本属性包括信息内容、格式与结构、存储介质和访问方式等,这些属性共同决定了文件的形式和功能,信息内容是文件的核心,它可以是文字、数字、图像、音频、视频等多种形式,体现文件的主题和目的,也是文件分类和检索的基础。格式与结构决定了信息在文件中的存储方式、呈现方式和交互方式,不同的格式和结构适用于不同的应用场景,以满足用户的不同需求,存储介质是文件信息的物理载体,随着技术的发展,存储介质的容量和读写速度不断提升,使得文件的存储更加便捷且长久。访问方式决定了用户如何获取文件中的信息,传统的纸质文件通过翻阅进行访问,而电子文件则需要通过计算机或其他电子设备进行访问。

文件的类型多种多样,每种类型都有其独特的特点和应用场景。文本文件是最常见的文件类型之一,具有通用性,不受硬件和软件平台的限制,主要用于记录和编辑信息。图像文件可以真实地再现原始场景或物体,具有较好的视觉效果,常用于照片、海报、广告等场景。音频文件能够真实地再现原始声音,提供丰富的听觉效果,常用于音乐、语音录制和会议等场景。视频文件能够提供丰富的视觉和听觉效果,真实地再现事件或场景,常用于电影、电视节目、监控等场景。数据库文件以结构化形式存储大量数据信息,具有数据量大、检索速度快等特点,常用于企业管理、科学研究等场景。电子表格与文档便于数据的整理、分析和可视化呈现,但存在格式多样性和兼容性问题,常用于财务分析、报告撰写等场景。网页文件用于构建和呈现网页内容,具有跨平台性和交互性等特点,常用于网站开发、信息发布等场景。

文件在信息记录与保存、信息交流与传播、信息处理与分析等方面具有广泛的应用价值。首先,文件是信息记录与保存的重要手段,通过文件记录事件、过程和知识等信息,有助于保证信息的完整性和持久性,避免信息的丢失或损坏。其次,通过文件进行信息的交流与传播能够实现远程传输和共享,满足不同用户的需求。文件的复制和备份功能使得信息能够被多个用户同时访问和使用。此外,利用专门的软件可以对各种类型的文件进行编辑、处理和分析。例如,文本编辑器可以编辑文本文件;图像处理软件可以对图像文件进行编辑和美化;音视频编辑软件可以对音视频文件进行剪辑和合成等操作。对文件的处理和分析可以挖掘出更深层次的信息和知识。此外,随着网络技术的发展,文件的传播范围和速度也不断扩大和提高。

### (二)公务文件的特点

公务文件的目的是传达信息、指导行为或者对某些事务进行决策,因此,其语言的准确性和规范性至关重要。这些文件通常需要精确地表达事实、数据和观点,以便于理解并避免误解。此外,公务文件在格式、结构和用语上也有严格的要求,确保信息的清晰传递。其次,公务文件的权威性也是不容忽视的特性。由于公务文件代表着组织的官方立场和决策,因此,它们通常被视为具有高度的可信度。这种权威性来自文件的发布者和内容的严肃性,以及文件的正式和法定地位。权威性的体现不仅在于文件的发布者身份,还在于文件的接收者对其的尊重和遵守。

再者,公务文件的政策导向性十分明显。这是由其重要性决定的——任何组织都需要明确的政策和规定来引导和管理日常事务。公务文件往往包含有关于组织运营、管理、资源分配等关键问题的决定和建议,其对组织的发展方向具有重要的影响。同时,公务文件也反映了组织的价值观和理念,是塑造组织文化的重要手段。

另外,公务文件的可追溯性也是一个重要的特点,这是因为许多公务文件都记录了组织的重大事件和决策过程,具有重要的历史价值,通过查看过去的公文,我们可以了解组织的演变和发展,也可以为未来的决策提供参考。

公务文件是企业、机构运转的关键环节,其在传递信息、决策引导、塑造文化和历史记录等方面发挥着重要的作用。其特点是准确、权威、具有政策导向并且具有可追溯性。这些都体现了公务文件在企业、机构中的核心价值和意义,正是这些特点保证了组织和团体的高效运行和持续发展,我们应该重视公务文件的管理和使用,以确保其在推动组织和团体进步中发挥应有的作用。

### 二、文件的种类

根据来源,文件主要分为三类:收文、发文和内部文件。收文是指接收外来文件的总称,发文则是本单位向外发出的文件,而内部文件则是在特定组织或单位内部传阅的文件。从保密的角度,文件可以分为六类:绝密、机密、秘密、内部、限国内公开和对外公开。这些分类反映了文件所包含信息的敏感程度和相应的管理要求。

### (一)通用公文

在行政管理与公共事务领域,通用公文作为一种规范化的书面信息传递工具,扮演着举足轻重的角色,它不仅是各级政府机关、企事业单位进行决策传达、工作部署、情况通报、意见征询等公务活动的基础手段,而且是构建现代治理体系、提升治理效能的重要载体。通用公文的运用有助于确保行政管理与公共事务的规范性、效率和透明度,进而维护社会稳定与公共利益。通用公文的内涵丰富,涵盖了法定公文和事务性公文两大类,法定公文包括决定、命令、公告等,主要用于传达组织的意志和决策;事务性公文则包括报告、请示、通知等,主要用于日常事务的处理和沟通。每一种公文形式都有明确的功能定位和格式规范,以确保信息传递的准确性和有效性。通用公文具有权威性、规范性、时效性和准确性四大特性。权威性体现在公文代表组织意志,具有法定效力,要求接收者予以遵守和执行。规范性要求公文遵循既定的格式和行文规则,以确保信息的清晰度和可理解性,时效性强调公文处理的及时高效,以满足快速变化的需求和情况。准确性则是保证公文内容真实无误的关键,以免造成误解或误导。

通用公文的撰写与运用对于提升行政管理与公共事务的效率和质量至关重要。在撰写过程中,必须遵循一定的原则与方法论。首先,合法合规原则是首要前提,确保公文的内容、程序、形式均符合国家法律法规及各类相关规章制度的要求。任何违背法律规定的公文都有可能引发法律纠纷和行政责任。其次,目的明确原则是关键要素,确保公文能够准确表达发送者的意图,有效实现预期的沟通目标。这有助于避免信息传递的歧义和误解,提高沟通效率。再者为简洁明了原则,提倡言简意赅,避免冗余繁复,便于接收者迅速理解和执行。这样可以提高公文的执行力和可操作性,减少不必要的误解和困扰。此外,结构严谨原则也是必不可少的,要求公文具备清晰的层次和逻辑关系,以利于阅读和处理。这有助于提升公文的条理性和可读性,使其更加易于理解和把握重点。

在实际应用层面,通用公文对于推进政务公开透明、保障公民知情权、强化行政监督以及提升社会治理精细化、科学化水平等方面具有显著的价值。通过通用公文的规范化和标准化管理,各级政府机关和企事业单位可以更好地履行职责,提高工作效率和服务质量。同时,通用公文的运用还有助于加强组织间的信息交流与合作,促进跨部门、跨领域的协同工作。通用公文的规范化管理对于提升行政管理与公共事务的效能具有重要意义。通过制定和完善通用公文的格式标准、行文规则和流程规范,可以确保信息传递的准确性和及时性,提高组织的执行力和响应速度。同时,加强对通用公文的培训和教育,提高公务人员的写作能力和规范意识,也是实现高效行政管理的重要途径之一。

随着信息技术的发展和数字化转型的推进,通用公文的撰写与运用也面临新的挑战和机遇。电子化公文系统的普及和应用为通用公文的撰写、传递和处理提供了更加便捷高效的方式。这不仅可以降低成本、提高效率,还有利于实现信息共享和协同工作。然而,同时也需要注意电子化公文的保密性和安全性问题,采取有效的技术和管理措施来保障信息的安全可靠。

为了更好地发挥通用公文的作用,各级政府机关、企事业单位以及其他相关组织需要进一步加强通用公文的规范化管理,完善相关制度与规范体系,提高公务人员的写作能力和规范意识。同时,还需要不断适应数字化转型的趋势,加强电子化公文的保密性和安全性保障措施,以更好地满足时代发展的需求和提高行政管理水平,通过不断探索和创新通用公文的应用与管理方式,将有助于实现更加高效、透明和科学的行政管理与公共事务工作。

## (二)事务文件

事务文件是组织在业务运作和管理过程中产生的各种文件资料,包括日常办公产生的文件、会议纪要、报告、合同等。这些文件记录了组织内部的各种活动和决策,是组织运作的重要历史资料和档案。事务文件的产生和管理对于组织的运营和管理有着重要意义,它不仅反映了组织的业务运作状态和历史,还是组织进行决策、规划、改进和协调工作的重要依据。

事务文件的种类繁多,包括但不限于合同、协议、备忘录、信函、报告、通知等。这些文件在组织中发挥着不同的作用,如记录和证明业务交易、传递信息和沟通协调、保存历史资料等。事务文件的管理是一项复杂的工作,需要遵循一定的原则和方法,以确保文件的完整性和准确性。

首先,事务文件的管理需要遵循规范化和标准化的原则。组织应制定相应的文件管理制度和标准,明确文件的格式、内容、审批程序和保存方式等,以确保文件的一致性和可追溯性。同时,对于重要的文件,需要进行备份和加密处理,以确保文件的安全性和保密性。其次,事务文件的管理需要注重文件的真实性和可靠性。组织应建立相应的文件审核和验证机制,确保文件的真实性和可靠性。对于重要的文件,需要进行多级审核和签字盖章等手续,以确保文件的合法性和权威性。此外,事务文件的管理还需要注重文件的分类和整理。组织应根据文件的性质和用途进行分类和整理,建立完善的文件档案系统。同时,还需要定期对文件进行清理和归档,对于无用的文件进行销毁,对于有价值的文件进行整理和保存,以保持文件的系统和有序。在事务文件的管理中,还需要注重电子化技术的应用。随着信息技术的发展,电子化文件已经成为组织中常见的文件形式。电子化文件具有存储方便、传输快捷、易于检索和分析等优点,但也存在易被篡改、易丢失等问题。因此,组织应积极探索和应用电子化文件的管理技术和方法,建立完善的电子化文件管理系统,以确保电子化文件的完整性和安全性。

# 第二节　文件的形成与处理

## 一、文件的拟写

### (一)文件拟写的基础

在文件拟写过程中,基础工作的重要性不言而喻。首先,领会意图和明确目的是文件拟写的出发点。只有深入理解上级或相关方面的意图,明确文件的主题和目标,才能确保文件的方向和内容与上级的意图保持一致。这样的文件才更有针对性,能够满足上级的要求和期望。在拟写文件之前,我们需要进行深入的思考和分析,了解上级的意图和目的,从而确定文件的主题和要点。通过与上级的沟通交流,进一步明确文件的目的和作用,以便更好地展开文件的构思和撰写工作。除了领会意图和明确目的外,调查研究也是文件拟写的重要基础工作之一。只有通过深入实际、了解情况、收集数据和资料,才能获得真实、准确、全面的材料,为文件的撰写提供有力支撑。调查研究是获取材料的科学方法,能够帮助我们获得丰富的内容和实例,使文件更有说服力。在调查研究中,我们需要注意材料的来源和质量,确保所收集到的材料真实可靠、准确无误。同时,还需要对材料进行筛选和整理,去粗取精、去伪存真,确保材料的质量和可靠性。通过科学的方法和严谨的态度,我们可以获得更加全面、准确、客观的材料,为文件的撰写提供有力支持。

接下来是起草初稿的环节。在领会意图、明确目的、调查研究的基础上,着手起草文件初稿。这个过程需要注重逻辑思维的运用,根据文件的主题和目的,合理安排结构、段落和内容,确保文件的条理清晰、层次分明。同时,在起草过程中还需要注重语言的准确性和简洁性,尽可能使用简练的语言表达思想和意图,避免冗长、啰唆的表达方式。在起草初稿时,我们需要注重整体结构和内容的逻辑性。通过合理的段落划分和内容安排,使文件层次分明、条理清晰。同时,要注意语言的准确性和简洁性,避免出现歧义或误解。在撰写过程中,我们可以借鉴已有的文件或资料,吸取其中的精华和优点,提高文件的质量和水平。

修改是文件拟写的最后一道工序,也是提高文件质量的重要环节。通过反复阅读、推敲和修改,可以发现并纠正文中的错误和不妥之处,使文件更加完善、准确和精练。修改的范围可以包括文字、语法、标点、格式等方面,重点是对文中的观点、论据、事实等进行核实和修正。在修改过程中还需要注重保持文件的原意和风格,不要轻易改变作者的初衷和文风。在修改过程中,我们需要注意细节问题,如语法错误、错别字等。因此,我们需要认真对待每一个细节问题,确保文件的质量和准确性,通过反复推敲和修改,我们可以使文件更加完善、准确和精练,更好地满足上级或相关方面的要求和期望。

## (二) 文件拟写的相关规范

文件拟写是组织、机构及个人在工作中不可或缺的重要环节,它不仅关乎信息传递的有效性,还直接影响业务流程的顺畅度和法律事务的严谨性。因此,遵循科学、规范的拟写原则至关重要。

首先,无论是制定政策法规、发布工作指令还是编写项目报告,都需要明确主题,开门见山地阐述核心观点或要求,内容应逻辑严谨、条理分明,避免出现歧义或模糊不清的表达。同时,要充分考虑阅读者的需求,使用简洁明了的语言,避免过于复杂的句式和词汇,确保信息传递的准确性和有效性。其次,文件格式的统一能提高文件的可读性和美观度。标题应简短精练,突出文件的核心内容。正文部分需要合理分段,并使用恰当的过渡语句保持各段落之间的连贯性。此外,字体、字号、行间距等文本格式应符合组织或机构的标准,以提高文件的专业性和正式性。对于涉及的数据、时间、地点等具体信息,应确保其精确无误,并采用行业或组织内部认可的标准格式呈现。同时,对于图表、图片等辅助材料,应按照标准进行排版和设计,确保文件的整体美观度。

其次,语言风格的选择也是文件拟写中需要注意的方面。根据文件性质和受众的不同,选择合适的语言风格至关重要。正式文件通常要求使用书面语体,措辞严谨、语气庄重,以展现文件的权威性和正式性。在行文中,应尊重受众的感受,用词礼貌、不带歧视或攻击性色彩。同时,要避免使用口语化表达和情绪化的词汇,以免影响文件的正式性和专业性。此外,在文件拟写过程中还需要注意细节问题。语法错误、错别字等细节问题虽然看似微不足道,但却会影响文件的整体质量和形象。因此,在拟写过程中要注重细节处理,仔细检查文中的语法、拼写及标点符号使用是否规范准确。同时,对于文件的排版、格式等细节方面也要进行认真核对,确保文件符合标准要求。

除了遵循规范原则外,在文件拟写中还需要考虑其他重要因素。例如:文件的背景信息、相关法律法规的引用等都需要在文件中进行充分说明和解释。此外,对于涉及敏感信息的文件,需要进行适当的脱敏处理或遵守保密规定,确保信息的安全性和保密性。

## 二、文书处理程序

### (一)收文处理

收文登记是整个收文处理过程的起点,也是确保文件得到妥善管理和及时处理的关键环节,通过建立详细的登记制度,对收到的文件进行全面、准确的记录,可以确保文件的来源、内容、密级、紧急程度等信息一目了然。这有助于文件进行分类管理,为后续的文件传阅、办理和归档工作提供便利。同时,通过定期对登记情况进行核查,可以及时发现并纠正管理上的漏洞,防止文件丢失或泄密事件的发生。其次,文件的分类与编号是收文处理中不可或缺的一环。根据文件的不同性质、紧急程度和密级等因素,将文件分为不同的类别,并进行编号管理,有助于提高文件处理的针对性和效率。通过合理的分类与编号,能够迅速定位到特定的文件,避免文件混淆或遗漏。同时,文件编号应具有唯一性,以确保文件管理的规范性和准确性。

在文件传阅过程中,应遵循及时、准确、高效的原则。根据文件的重要性和紧急程度,确定合适的传阅顺序和传阅方式。对于重要且紧急的文件,应优先传阅并尽快办理,以免延误时机。同时,应确保文件传阅过程中的安全保密工作得到充分重视,防止信息泄露。为提高传阅效率,可利用现代化信息技术手段,如电子公文系统等,实现文件的在线传阅和办理。这不仅能有效缩短传阅时间,还能减少纸质文件的流转,降低管理成本。在文件办理环节,应明确各相关部门和人员的职责与权限,确保文件得到妥善处理。根据文件的性质和内容,按照规定的程序进行审批、回复或办理。对于涉及多个部门或需要高层领导决策的文件,应加强协调沟通,确保处理意见的一致性和决策的准确性。同时,应重视文件的跟踪督办工作,确保重要文件的办理得到及时落实。为提高文件办理效率,可推行电子化办公模式,实现文件的在线审批和办理,缩短处理周期。文件的归档保存是收文处理的最后一个环节。归档工作应严格按照相关规定进行,确保文件得到妥善保存和合理利用。在归档过程中,应对文件进行全面检查,确保其内容完整、准确无误。同时,要重视文件的保管和保护工作,采取必要的措施防止文件损坏、丢失或被盗。为便于后续的查阅和利用工作顺利进行,应建立科学的档案检索体系和目录索引系统。这不仅能提高档案查询的效率,还能有效延长档案的使用寿命。

此外,随着信息化技术的迅猛发展,电子档案逐渐成为一种新的档案管理方式。与传统的纸质档案相比,电子档案具有存储容量大、检索速度快、保存成本低等优势。因此,推行电子档案管理不仅是适应时代发展的必然要求,也是提高档案管理水平的有效途径。通过建立电子档案系统,将纸质档案数字化并存储于电子媒介中,可以实现档案的在线查阅、检索和利用等功能。这不仅能提高档案的利用率和共享性,还有助于保护珍贵的档案资源免受损坏或丢失的风险。

## (二)发文处理

发文处理是组织内部信息流转与对外交流的重要环节,它涵盖了从文件起草、审核、签发到归档等一系列严谨且规范的操作流程。这一过程不仅体现了机构内部管理的精细化与规范化,更是确保决策执行、事务处理高效有序的关键步骤。

首先,文件的起草是发文处理程序的起点,也是至关重要的一环。在这一阶段,起草人需要根据实际工作需求和相关政策法规,清晰、明确地阐述意图、表达观点或传递指令。内容必须翔实准确,逻辑层次分明,语言表述符合公文格式要求。同时,起草人还需要充分考虑文件接收者的理解能力和接受程度,力求做到既专业又通俗易懂。为了确保文件的质量,一些组织还会要求起草人遵循具体的写作指南或模板。这种规范化的写作流程有助于提高文件的一致性和专业性。

其次,文件的审核是发文处理程序中非常关键的一步。在这一阶段,具有相关业务知识和经验的人员会对初稿进行细致的审查和修改。审核的范围非常广泛,包括内容是否合规、合理,是否存在遗漏、错误或歧义,以及是否符合组织整体策略和目标。除此之外,还需要关注语言的风格是否得体、格式布局是否规范等问题。审核的目的在于确保文件的质量和准确性,避免因疏忽或错误而造成麻烦或误解。

文件经过审核并得到批准后,将进入签发阶段。这一阶段通常需要得到相应层级的负责人签字确认,以体现文件的权威性和法律效力。签发人对文件的内容、形式进行全面审查,并根据实际情况提出修改意见或直接予以批准。在这个过程中,签发人需要对文件进行仔细的审阅,确保其内容准确无误、符合组织政策和目标,并且具有足够的权威性和合法性。一旦文件得到签发,就意味着文件已经经过严格的审查和批准,具备正式发布的基础条件。紧接着,文件将进入复核印发阶段。在这一阶段,工作人员会确保最终版文件无误后进行印制。这一过程通常涉及对文件的格式、排版、打印等方面的复核,以确保最终的文件能够清晰、准确地呈现信息。同时,根据预定的发放范围,文件将被分发给相应的接收者。分发的形式可以包括纸质版和电子版两种,以满足不同接收者的需求。在分发过程中,还需要严格遵守保密规定,控制知悉范围,确保重要信息的安全。这一环节需要谨慎处理,以免造成信息的泄露或麻烦。此外,发文处理还包括文件归档保存这一环节。所有已发布的文件均应按照一定的规则整理存档,以备日后查询、检索和使用。完善的档案管理制度能够保证信息资源的有效利用,同时也是组织历史记录和工作业绩的重要见证。通过建立科学的档案管理体系,组织能够更好地积累和传承经验,为未来的工作提供宝贵的参考。同时,对于一些具有长期保存价值的文件,进行妥善的归档和管理能够避免其损坏或遗失。

# 第三节　文件整理与归档

## 一、文件整理与归档的重要性

### (一)提升工作效率

在当今信息爆炸的时代,文件管理成为组织高效运行的关键因素之一。文件整理与归档不仅是保持工作场所整洁有序的基础,而且对于提高工作效率、促进团队协作具有深远影响。

### 1. 提高信息检索速度

有效的文件整理与归档系统不仅是一个存储工具,更是组织的核心资产。在信息爆炸的时代,员工每天面临大量的文件和数据。一个杂乱无章的文件管理方式会导致时间浪费、工作效率下降,甚至影响决策的准确性和及时性。而通过合理的分类和命名规则,文件得以有序地存储和呈现。员工可以迅速找到所需文件,减少不必要的搜索和筛选时间。这使他们能够更加专注于核心工作,提高工作效率。同时,清晰的文件结构还有助于知识的传承和团队的协同工作。

### 2. 促进团队协作

在一个团队中,信息的共享和同步是至关重要的。文件整理与归档不仅关乎个人工作效率,更是团队协同工作的基石。当每个成员都能访问到相同的文件和信息时,团队的沟通变得更加顺畅。这意味着不再有误解、重复工作和信息不一致的情况。每个团队成员都能清晰地了解项目的目标、进度和要求,从而更好地分工合作。此外,一个有序的文件管理系统还有助于团队知识的积累和传承。随着项目的推进和新成员的加入,团队可以快速分享过去的经验和成果,确保工作的连续性和高效性。因此,一个完善的文件整理与归档系统对团队的协作和整体工作效率的提升具有不可估量的价值。

## (二)保障信息安全

随着信息技术的迅猛发展,组织在日常运营过程中产生了大量数据和文件。这些信息资产不仅承载着组织的核心知识,还可能涉及敏感和机密信息。因此,文件整理与归档工作在保障信息安全方面发挥着至关重要的作用。

### 1. 控制访问权限

在组织运营过程中,信息安全是至关重要的。通过文件整理与归档,组织可以实现文件的集中管理,并设置精确的访问权限。这意味着只有经过授权的人员才能访问特定文件,确保敏感信息的保密性。这种权限控制机制有效防止了未授权人员获取或滥用重要信息,降低了信息泄露的风险。同时,集中管理还简化了文件的监控和维护工作,组织可以实时跟踪文件的访问记录,及时发现潜在的安全威胁。此外,定期的文件更新和归档进一步确保了信息的准确性和时效性,提高了组织的信息安全水平。因此,一个高效的文件整理与归档系统对于保障信息安全具有重要意义,为组织的稳定发展提供了坚实保障。

### 2. 数据备份与恢复

在当今高度信息化的社会,数据的重要性不言而喻。因此,一个完善的文件整理与归档系统必须具备强大的数据备份和恢复功能。通过定期备份重要文件,组织能够在数据意外丢失或损坏时迅速恢复,确保业务的连续性和信息的安全性。这种备份机制可以采取多种形式,如本地备份、远程备份或云备份,以满足组织对于数据安全的不同需求。同时,备份数据的存储和管理也需格外注意,要确保其可靠性和安全性。在实施备份策略时,组织还需要定期测试恢复流程,确保数据能够完整、准确地恢复。这样不仅减少了因数据丢失导致的业务中断风险,也降低了信息安全隐患,为组织的稳健发展提供了有力保障。

### 3. 防止信息篡改

在文件管理中,确保文件的真实性和完整性是至关重要的。通过文件整理与归档,组织可以追踪文件的修改历史和操作记录,从而追溯任何未经授权的篡改行为。这种追踪机制不仅有助于检测篡改行为,还能为可能的法律纠纷提供证据。此外,集中式的文件管理使得文件的完整性和一致性得以保证。这意味着组织内的所有文件都遵循相同的格式、标准和要求,从而确保信息的准确性和可靠性。通过文件整理与归档,组织不仅可以防止信息被篡改或损坏,还能确保文件的一致性和可靠性,提高组织决策的准确性和效率。这为组织的稳定和健康发展提供了坚实保障,同时维护了组织的声誉和诚信。

### 4. 增强员工信息安全意识

文件整理与归档工作不仅仅是技术层面的任务,更涉及组织文化的培育和员工行为的规范。为了确保信息安全,组织必须对员工进行充分的教育和培训。通过培养员工的信息安全意识,组织能够降低因人为错误或恶意行为导致的信息泄露风险。员工不仅需要了解信息安全的重要性,还应掌握信息安全的基本知识和技能。组织可以定期开展信息安全培训、研讨会和模拟演练,提高员工应对信息安全事件的能力。同时,组织应强调信息安全在日常工作中的实践,鼓励员工遵循信息安全最佳实践,养成良好的信息安全习惯。这样,组织不仅能够确保信息的完整性和安全性,还能构建一个更加安全、可靠的工作环境,提高组织的整体竞争力。

### (三)便于查找和使用

在组织中,文件作为传递信息、记录知识和保存历史的关键载体,其重要性不言而喻。文件整理与归档不仅关乎信息的管理和存储,更直接影响到信息的查找和使用效率。

### 1. 提高信息检索效率

经过良好整理与归档的文件,如同有序的图书馆,其分类清晰、标识明确。这样的系统设计,使得信息检索变得轻而易举。用户不再需要在无序的海洋中迷失,而是可以根据分类或关键词迅速找到所需文件。这种高效的信息检索方式,不仅节省了用户的时间和精力,还提高了他们的工作效率。更为重要的是,这种有序的文件管理方式增强了用户对信息系统的信任和满意度。当用户感受到信息系统带来的便利时,他们更愿意依赖和信任这个系统,从而提高了整个组织的工作效率和准确性。因此,良好的文件整理与归档不仅是一种技术手段,更是提升用户体验和提高组织效率的重要途径。

### 2. 促进知识共享与传承

在知识密集型的组织中,文件承载着大量的隐性知识。通过文件整理与归档,这些隐性知识得以系统地转化为显性知识,从而更容易被组织内的成员共享和传承。有序的文件管理不仅方便了新员工的快速融入,还为他们提供了宝贵的学习资源。新员工能够快速了解组织的核心知识资产,掌握组织的文化和价值观。此外,有序的文件管理还有助于组织内的知识交流和合作。成员之间可以更加便捷地分享经验和最佳实践,为知识的创新与发展创造有利条件。这种知识共享与传承的机制有助于组织在竞争激烈的市场环境中保持领先地位,提升其整体竞争力。因此,文件整理与归档在知识的传承与创新中发挥着不可或缺的作用。

### 3. 增强文件可靠性

经过整理与归档的文件,其来源和内容经过严格的审核和确认,这增加了文件的可靠性。在工作中,用户可以更加信任这些文件,从而减少因文件错误或不完整导致的工作失误。有序的文件管理还能有效防止文件的损坏和丢失,进一步保障了文件的可靠性。这种可靠性不仅提高了工作效率,还增强了组织内部的信任和协作。同时,文件的可靠性对于组织的决策和项目进展也至关重要。在竞争激烈的市场环境中,一个可靠的文件管理系统是组织取得成功的关键因素之一。因此,组织应重视文件整理与归档工作,确保文件的准确性和可靠性,为组织的稳健发展提供有力支持。

### 4. 提升决策支持力度

整理与归档的文件作为历史数据的载体,具有重要的价值。这些文件记录了组织的成长历程、业务发展轨迹和市场变化趋势。决策者通过深入分析这些文件,能够更加清晰地了解组织的过去和现在,为未来的决策提供有力支持。文件的整理与归档工作使决策者能够迅速查找和引用相关数据,避免了在大量无序文件中耗费时间和精力。这种有序的文件管理方式提高了决策的效率和准确性,有助于组织在竞争激烈的市场环境中保持领先地位。因此,组织应重视文件整理与归档工作,充分发挥历史数据在决策中的作用,提升组织的整体竞争力。

## 二、文件整理与归档的原则

### (一)分类明确

在信息爆炸的时代,文件数量呈指数级增长,如何有效地整理与归档这些文件成为组织面临的重要挑战。分类明确作为文件整理与归档的核心原则，对于提高文件管理的效率和效果具有重要意义。

分类明确是指在文件整理与归档过程中，按照一定的标准和方法，将文件进行合理的划分和归类。通过明确的分类，组织能够将无序的文件系统化、条理化，便于后续的检索、使用和管理。分类明确有助于提高文件管理的效率和效果，降低信息查找的时间成本，提升组织的工作效率。

**1. 分类标准明确**

分类标准是指导文件分类的原则和依据。组织应制定明确的分类标准，确保文件的归类合理、准确。分类标准可以根据组织的特点和需求制定，如时间、部门、项目、重要性等。确保分类标准的明确和一致，有助于提高文件分类的可操作性和可靠性。

**2. 分类层级清晰**

在文件分类过程中，组织应建立清晰的分类层级结构。合理的层级结构能够更好地呈现文件的属性和关系，便于用户理解和使用。层级结构的设置应根据组织的实际情况和需求进行合理规划，确保分类层级的简明和高效。

**3. 分类方法科学**

分类方法是指在实际操作中如何执行分类的标准和原则。组织应选择科学的分类方法，确保文件能够按照预定的标准进行归类。同时，应根据实际情况不断优化和完善分类方法，以适应不断变化的文件管理需求和环境。

## （二）命名规范

在文件整理与归档过程中，命名规范作为一项基本原则，对于提高文件管理效率和检索准确性具有重要意义。一个规范的文件命名体系能够清晰地反映文件的内容、属性和关系，便于用户识别、记忆和使用。

命名规范是指在文件整理与归档过程中，根据一定的规则和标准，对文件进行命名。规范的命名能够使文件名具有可读性、可理解性和可检索性，从而提高文件管理的效率和效果。

**1. 明确性原则**

明确性是指文件名应能够准确反映文件的内容、属性和意义。在命名时，应避免使用模糊或过于简略的词语，而应选择具体、明确的词汇，确保文件名能够准确描述文件的内容和用途。

**2. 简洁性原则**

简洁性是指文件名应简短明了，避免冗长和烦琐。过长的文件名不仅难以记忆,还会降低文件的可读性和可管理性。因此,在保证明确性的前提下,应尽量使用简短的词语或短语来命名文件。

### 3.统一性原则

统一性是指组织内部应遵循统一的文件命名规则和标准。这有助于确保文件名的格式、风格和语法的一致性,降低因命名差异导致的管理混乱和误操作风险。通过制定统一的命名规范,组织能够提高文件管理的标准化程度和效率。

### 4.可扩展性原则

可扩展性是指文件命名应具有一定的灵活性和扩展空间,以适应组织发展和文件数量增长的需求。在制定命名规范时,应考虑未来可能的文件属性和分类,确保命名规范具有一定的前瞻性和可扩展性。

## (三)存储合理

在信息化时代,数据和文件已成为组织运营和发展的重要资产。合理的文件存储原则对于保障文件的安全、完整和长期可用至关重要。

存储合理是指在文件整理与归档过程中,根据文件的性质、用途和价值,选择合适的存储介质、技术和方法,以确保文件能够长期、安全地保存并随时可用。这一原则强调的是在满足文件存储需求的同时,还要考虑存储成本、效率和可维护性。

### 1.适当选择存储介质

根据文件的类型、使用频率和重要性,选择适当的存储介质是存储合理的关键。对于长期保存的关键文件,应选择高质量、耐久且稳定的存储介质,如光盘、硬盘等;而对于临时或短期使用的文件,可以选择成本较低、易于扩展的存储介质,如云存储或网络存储。

### 2.实施数据备份与恢复

为防止数据丢失,应制定并实施有效的数据备份与恢复策略。备份应包括完整备份、增量备份和差异备份等多种方式,以确保在数据损坏或丢失时能够快速恢复。同时,备份数据应存储在安全、可靠的不同介质上,以降低单一介质损坏导致数据丢失的风险。

### 3.保证数据安全与隐私保护

在存储过程中,应采取必要的安全措施和技术手段,确保文件数据的安全。这包括数据加密、访问控制、防火墙保护等措施,防止未经授权的访问、篡改或窃取。同时,对于涉及个人隐私的文件,应严格遵守相关法律法规,确保个人隐私得到保护。

**4. 考虑存储成本与效率**

在选择存储方案时,组织需综合考虑成本与效率。一方面,要根据文件的重要性和价值选择适当的存储介质和方案,确保存储的安全与可靠;另一方面,要关注存储成本,避免浪费。同时,应定期评估和优化存储方案,以提高存储效率并降低成本。

## (四)定期更新

在文件管理中,定期更新是一项至关重要的原则。随着时间的推移,文件的内容、状态和重要性可能会发生变化,因此需要定期进行整理与归档,以确保文件的一致性和准确性。

定期更新是指在文件整理与归档过程中,根据组织的需求和文件的性质,定期检查、更新和重新整理文件。这一原则强调的是对文件的持续维护和动态管理,以适应不断变化的环境和需求。

**1. 确定合适的更新频率**

组织应根据文件的性质、用途和变化频率,制定合适的更新频率。对于经常变动的文件,应提高更新频率;而对于相对稳定的文件,可以适当降低更新频率。同时,应确保定期检查和更新文件的完整性和准确性。

**2. 建立更新机制**

为确保文件的定期更新得以实施,组织应建立一套完善的更新机制。这包括制定详细的更新流程、责任分工和监督机制,以确保文件的更新工作得到有效执行。同时,应加强培训和沟通,提高员工对文件更新的重视程度和参与度。

**3. 及时处理变更内容**

在文件更新过程中,组织应及时处理和记录变更内容。这包括对文件内容的修改、注释和版本控制等,以确保文件的完整性和可追溯性。同时,应关注文件之间的关联性和依赖性,确保相关文件的同步更新和一致性。

**4. 评估与改进更新流程**

定期更新不仅是对文件的维护,更是对整个文件管理体系的检验和改进。组织应定期评估更新流程的效果和效率,分析存在的问题和挑战,并寻求改进措施。通过持续优化更新流程,组织可以提高文件管理的质量和效率。

# 第二章 档案管理

## 第一节 档案分类原则与方法

### 一、档案分类原则

#### (一)统一性原则

在档案分类中,统一性原则是指档案分类的标准、方法和程序应当在组织内部保持一致,以确保分类结果的可比性和可理解性。这一原则是档案分类工作的重要基石,它有助于提高档案管理的效率和效果,促进组织内部的信息交流与共享。

**1.统一性原则的实现**

(1)标准统一

标准统一要求组织在档案分类中制定统一的标准,确保所有成员遵循同一套规则。这包括明确各类档案的属性和特征,详细列出每类档案的关键元素和分类依据。通过培训和指导,确保所有成员对分类标准有准确的理解,并在实际操作中保持一致性,提高分类的准确性和效率。

(2)方法统一

方法统一强调在档案分类过程中采用统一的方法和流程。这意味着组织应遵循固定的分类方式,如按照档案的年度、组织机构、主题等进行划分。这种方法有助于确保分类的一致性和连贯性,避免出现分类混乱或交叉的情况。同时,方法统一还有助于提高档案管理的效率和效果,促进信息的检索和使用。

(3)程序统一

程序统一是档案分类中不可或缺的一环,它要求组织制定统一、规范的分类程序。这包括档案的收集、整理、鉴定、编目等各个环节,确保每一步都有明确的操作指南和标准。通过遵循统一的程序,组织可以确保分类工作的有序性和系统性,避免出现遗漏或重复的情况。这不仅有助于提高档案管理的效率,还有利于保持分类体系的稳定性和一致性。

**2. 为了确保统一性原则的实施**

（1）制定明确的分类标准和方法

为了确保档案分类的准确性和有效性，组织应制定详细的档案分类标准和方法指南。这份指南应明确各类档案的属性和特征，详细描述每类档案的关键要素和分类依据。此外，指南还应规定分类方法和程序，包括分类的标准、步骤和流程等，以确保所有成员遵循统一的标准和流程进行分类工作。通过这样的指南，组织可以确保档案分类的准确性和一致性，提高档案管理的效率和效果。

（2）加强培训与指导

组织应定期开展档案分类的培训与指导工作。这些培训和指导活动应针对员工的不同需求和层次，提供有针对性的培训材料和实际操作指导。通过培训，员工可以深入了解和掌握统一的分类标准、操作方法和技术要求。此外，组织还可以邀请专家或经验丰富的员工进行现场指导和答疑，帮助员工解决在实际操作中遇到的问题。这样能够提高员工档案分类的技能和水平，确保分类工作的准确性和高效性。

（3）监督与评估

为了确保档案分类工作的质量，组织应定期对档案分类工作进行监督和评估。监督和评估可以通过多种方式进行，例如，定期检查、抽查、员工自查等。在监督和评估过程中，组织应重点关注分类标准的执行情况，检查是否遵循了统一的分类方法和程序。此外，组织还应及时发现和纠正存在的问题，防止类似问题再次发生。对于发现的不足和问题，组织应采取有效的措施进行改进和纠正，以提高档案分类工作的准确性和一致性。通过持续的监督和评估，组织可以确保档案分类工作的质量，并不断提高档案管理水平。

（4）持续改进与完善

随着组织的业务发展和外部环境的变化，档案分类的标准和方法可能需要进行相应的调整和完善。这是因为档案的内容、形式和利用方式会随着组织的发展而发生变化，分类标准和方法也需要随之更新和改进。为了适应不断变化的需求，组织应保持对档案分类工作的关注和改进，定期评估现有分类体系的有效性和适用性。对于不适应新需求的分类标准和方法，组织应及时进行调整和完善，以确保档案分类工作的准确性和高效性。通过持续地关注和改进，组织可以保持档案分类工作的活力和适应性，为组织的业务发展提供有力支持。

### (二)稳定性原则

档案分类的稳定性原则是指档案分类的标准、方法和程序应保持相对稳定,避免频繁变动。这一原则对于维护档案分类体系的连贯性和持续性至关重要,有助于提高档案管理的效率和效果。

**1. 稳定性原则的实现**

(1)标准稳定

为了确保档案分类工作的稳定性和连贯性,档案分类的标准应具有相对的稳定性,避免频繁更改。在制定分类标准时,组织应充分考虑标准的合理性和实用性,确保标准能够长期适用。同时,组织还应根据实际情况和业务发展需要,适时对分类标准进行必要的调整和完善。这样的调整应是有计划、有步骤的,并经过充分评估和讨论,以确保对现有标准的改进是合理和必要的。通过维护分类标准的稳定性,组织可以确保档案分类工作的持续性和一致性,提高档案管理的效率和效果。

(2)方法稳定

方法稳定要求在档案分类过程中保持分类方法的相对稳定性,避免频繁变动。组织在采用分类方法时,应充分考虑其合理性和实用性,确保方法能够长期适用。即使需要对分类方法进行调整,也应有充分的理由和合理的过渡期,以避免对现有档案造成混乱。过渡期的设置能够给组织成员足够的时间来适应新的分类方法,确保分类工作的有序性和系统性。同时,充分的理由能够确保调整的必要性,避免不必要的变动。通过保持分类方法的稳定性,组织可以提高档案分类的准确性和效率,确保档案管理的稳定性和连贯性。

(3)程序稳定

程序稳定是档案分类工作中不可或缺的一环,它要求档案分类的程序,包括档案的收集、整理、鉴定、编目等环节,都保持相对稳定。这种稳定性有助于确保分类工作的有序性和系统性,使每个环节都能按照既定的标准和流程进行。通过遵循稳定的程序,组织能够更高效地进行档案分类,减少错误和混乱,提高档案管理的整体效率和质量。

**2. 为了确保稳定性原则的实施**

(1)审慎制定分类标准和方法

在制定档案分类标准和方法时,组织需要深入思考和全面评估,确保其长期适用性。这要求组织充分考虑档案的特点、业务需求以及未来发展趋势,避免由于考虑不周或短视导致频繁变更分类标准和方法。通过审慎制定,组织可以建立起稳定、可靠的档案分类体系,为档案管理提供坚实的基础。

（2）加强培训与指导

组织应加强培训与指导工作。这包括向员工强调稳定性原则在档案分类中的重要性,以及确保他们熟悉并掌握现有的分类标准和操作方法。通过培训,员工可以深入了解档案分类的要求和流程,提高分类的准确性和一致性。同时,组织还应定期评估员工的培训效果,及时提供必要的指导和支持,以确保分类工作的顺利进行。

（3）定期评估与调整

组织应定期对档案分类工作进行评估。评估过程中,要特别关注稳定性原则的执行情况,检查分类标准和方法是否得到恰当应用。对于发现的问题或必要的调整需求,组织应进行充分论证和合理规划,制订详细的调整方案,并确保过渡期的顺利进行,以避免对现有档案造成不必要的混乱。

（4）文档化管理

文档化管理是确保档案分类体系稳定性和一致性的重要手段。组织应对档案分类的标准、方法和程序进行全面而详细的文档化,以便员工随时查阅和学习。通过文档化管理,员工可以更加清晰地了解分类要求和操作流程,避免因理解差异而导致分类错误。同时,文档化还有助于新员工的快速融入和分类工作的顺利开展。

（5）关注行业发展和最佳实践

随着档案管理和知识管理领域的不断发展,组织应持续关注行业动态和最佳实践,以保持档案分类体系的领先性和适用性。通过关注行业发展趋势,组织可以及时了解新的分类方法和理念,将其融入自身的分类体系中,提高分类工作的效率和效果。同时,组织还应关注最佳实践案例,从中汲取经验教训,不断完善自身的档案分类体系,确保其能够更好地服务于组织的业务发展和管理需求。

（三）实用性原则

档案分类的实用性原则是指档案分类应注重其实践应用,以满足组织内部和外部用户的需求。这一原则强调档案分类的针对性和适用性,确保分类结果能够为实际工作提供有效的支持。

**1.实用性原则的实现**

（1）需求导向

档案分类应以用户需求为出发点,充分了解和评估用户对档案信息的需求类型和使用习惯。通过深入了解用户需求,组织可以构建一个更加贴近用户需求的分类体系,提供更加精准和高效的档案信息服务。同时,组织还应根据用户反馈和实际使用情况,对分类体系进行持续改进和优化,以满足用户不断变化的需求。以用户需求为导向的档案分类体系有助于提升用户体验,促进档案信息的利用和价值发挥。

(2)针对性设计

组织应根据用户需求和实际工作需要,有针对性地设计档案分类体系。在选择分类标准和方法时,应充分考虑用户的查询和使用习惯,以提高分类体系的适用性和易用性。通过针对性设计,组织可以为用户提供一个清晰、有序的档案信息环境,方便用户快速找到所需的档案资料,提高档案信息的利用效率和价值。同时,针对性设计还有助于增强用户对组织档案工作的满意度和信任度。

(3)及时调整

随着用户需求和使用习惯的变化,档案分类体系也应进行适时的调整和优化。组织应保持对用户反馈和需求变化的关注,根据实际情况及时调整分类标准和方法,以保持分类体系的适用性和有效性。通过与用户的沟通和互动,组织可以更好地了解用户需求的变化,及时调整分类体系。同时,这种及时调整也有助于组织保持档案分类工作的活力和适应性,更好地满足用户不断变化的需求。

**2. 为了确保实用性原则的实施**

(1)深入了解用户需求

深入了解用户需求是制定档案分类体系的关键步骤。组织应通过调查、访谈等方式,深入了解用户对档案信息的实际需求和使用习惯。通过与用户的直接交流,组织可以更好地把握用户的需求特点,了解用户对档案信息的期望和要求。这些信息可以为分类体系的制定提供重要的依据,确保分类体系更加贴近用户需求,提高档案信息的利用效率和价值。

(2)定期评估与反馈

组织应定期评估档案分类的实用性,收集用户反馈,及时发现和解决分类体系中存在的问题。通过评估和反馈,组织可以全面了解分类体系的实际运行情况,发现潜在的问题和不足,并及时采取改进措施。这有助于确保分类体系的持续实用性和有效性,提高档案信息的利用效率和价值。同时,定期评估与反馈有助于增强组织与用户之间的互动与沟通,提升用户体验,促进档案信息的共享与利用。

(3)灵活调整与优化

为了满足用户需求的变化和提升分类体系的适用性,组织应保持灵活调整与优化的能力。根据用户需求的变化和反馈,组织应及时对档案分类体系进行调整,不断优化和完善分类标准和方法。这有助于确保分类体系始终与用户需求保持一致,提高档案信息的利用效率和价值。同时,灵活调整与优化也有助于增强组织对外部环境变化的适应能力,提升档案分类工作的持续性和稳定性。通过不断改进和优化,组织可以为用户提供更加精准、高效的档案信息服务,满足用户不断变化的需求。

(4)加强培训与宣传

为了提高员工和用户对档案分类体系的认同感和使用意愿,组织应积极宣传档案分类的实用性原则。通过向员工和用户介绍分类体系的重要性和优势,组织可以增强他们对分类工作的理解和支持。通过宣传和教育,组织可以帮助员工和用户更好地了解档案分类的实用价值,提高他们使用分类体系的意愿和积极性。这有助于促进档案信息的有效利用和共享,提升组织的工作效率和信息管理水平。

(5)合作与交流

组织应积极与行业内外的专家和机构进行合作与交流,共同探讨档案分类的先进理念和方法。通过合作与交流,组织可以借鉴其他机构的成功经验和实践,将先进的分类理念和方法引入自身的分类体系中。这有助于不断提升档案分类的实用性和有效性,提高档案信息的管理水平和利用效率。同时,合作与交流还有助于组织开阔视野,了解行业发展趋势和最佳实践,保持档案分类工作的领先地位。

## (四)层级性原则

档案分类的层级性原则是指在分类过程中应合理设置分类层级,确保分类体系的层次分明、结构清晰。这一原则有助于提高档案分类的可读性和可维护性,方便用户理解和使用。

**1. 层级性原则的实现**

(1)合理设置层级数量

在档案分类工作中,合理设置层级数量是至关重要的。过多的层级可能导致分类体系过于复杂,增加管理难度,降低工作效率;而过少的层级则可能无法满足分类的精细化需求,影响档案信息的准确检索和使用。因此,组织应根据实际情况进行合理设置,既要确保层级能够满足分类的精细化需求,又要避免层级过多带来的管理困扰。合理的层级数量有助于提高分类体系的可操作性和实用性,提升档案信息的管理水平和利用效率。

（2）明确层级关系

各层级之间应保持清晰的逻辑关系，即上一层级与下一层级之间应有明确的包含与被包含关系。这种关系确保了分类体系的条理分明，避免了不同层级之间的交叉和重叠。通过明确层级关系，用户可以更加清晰地理解分类结构，快速准确地定位到所需档案信息，从而提高档案检索的效率和准确性。

（3）保持层级稳定性

在档案分类工作中，保持层级的相对稳定性是必要的。频繁调整层级关系可能会导致分类体系的混乱，影响档案信息的检索和使用。因此，组织在分类过程中应审慎考虑层级关系的设置，确保其相对稳定。这种稳定性有助于确保分类体系的连贯性和持续性，为用户提供一个清晰、有序的档案信息环境。同时，相对稳定的层级关系也有助于提高档案管理的效率和效果，促进档案信息的有效利用和共享。

**2. 为了确保层级性原则的实施**

（1）明确层级结构

在制定档案分类体系时，首先明确各层级的结构是至关重要的。这要求组织对档案内容和管理需求进行深入分析，合理设置层级数量和关系。通过明确各层级的职责和范围，可以确保分类体系既满足档案管理的精细化需求，又保持简洁明了，方便用户理解和使用。合理的层级结构是构建高效、实用的档案分类体系的基础。

（2）制定层级标准

通过制定明确的层级标准，确保各层级在分类体系中的定位和功能得到合理发挥，满足档案信息管理的实际需求。同时，详细的层级标准还有助于提高分类工作的规范性和准确性，减少分类过程中的人为误差和主观性。这有助于提高档案分类体系的可靠性和一致性，为用户提供更加精准、高效的档案信息服务。

（3）加强培训与指导

为了确保员工和用户能够充分理解和有效使用档案分类体系，组织应提供必要的培训和指导。这些培训和指导应重点介绍分类体系的层级结构和特点，帮助员工和用户熟悉各层级的属性和关系。

（4）定期评估与调整

组织应定期评估其层级结构，根据评估结果和实际需求，组织应适当地调整和优化层级结构，以适应档案信息的变化和管理要求。通过定期评估和调整，组织可以确保分类体系的层级结构始终与实际需求保持一致，提高档案分类工作的效率和效果。

（5）文档化管理

通过文档化,组织可以详细记录层级结构的制定过程、标准、方法和程序,确保分类体系的可追溯性和可维护性。这有助于提高分类体系的稳定性和一致性,为档案信息的管理和利用提供可靠的保障。

## 二、档案分类方法

### （一）按年度分类

按年度分类,顾名思义,是根据档案形成的时间顺序,将同一年度的档案归为一类。这种分类方法主要基于时间的连续性和顺序性,使得档案在时间维度上呈现出清晰的结构。

首先,按年度分类有助于保持档案的原始性和完整性。由于档案是在特定时间背景下形成的,因此,按照年度进行分类可以更好地保留档案的历史脉络和形成过程。这对于需要了解档案形成背景和历史的研究者来说具有重要的参考价值。

其次,按年度分类有助于提高档案检索的效率和准确性。在大量的档案中,通过按年度分类可以快速定位到特定时间段的档案,缩小检索范围,提高检索效率。同时,由于同一年度的档案在内容上往往具有一定的关联性,因此,这种分类方法也有助于提高检索的准确性。

此外,按年度分类还有助于实现档案的长期保存和传承。通过将同一年度的档案归为一类,可以更好地规划和实施档案的保管、修复和传承工作。这对于维护档案的长期可读性和可用性具有重要意义。

### （二）按组织机构分类

按组织机构分类是一种基于实体单位或部门归属的档案整理方式,它体现了档案形成和使用的组织背景。

按组织机构分类的档案整理方式,遵循了档案形成的实际情况。在各类组织机构的日常运作中,档案作为决策、执行和记录的依据与产物,其形成、积累和使用往往与特定的部门或单位密切相关。因此,按照组织机构对档案进行分类,能够直观地反映档案产生的组织环境和业务流程。

这种分类方法有助于维护档案的完整性和保密性。不同组织机构在处理档案时,往往有其特定的管理要求和保密标准。按组织机构分类可以确保相关档案在收集、整理、利用和保存的过程中,得到符合其敏感性和重要性的恰当处理。

此外,按组织机构分类对于提高档案管理效率至关重要。在大型组织或企事业单位中,档案管理往往涉及多个部门和层级。通过按组织机构进行分类,可以明确各部门在档案管理中的职责和权限,避免交叉管理带来的混乱和推诿现象。同时,这种分类方式也便于各部门根据自身需要快速检索和使用相关档案。

### (三)按主题分类

按主题分类体现了档案内容的聚合性。在这种分类方法中,档案不是按照其形成的时间或组织机构进行划分,而是根据其内容所涉及的主题或领域进行归类。这意味着同一主题下的档案可能来自不同的时间、地点或组织机构,但它们都是因为共同的主题而被聚集在一起。这种聚合性有助于研究者或用户从内容的角度出发,快速找到与特定主题相关的所有档案。

按主题分类有助于实现档案资源的深度挖掘和利用。由于同一主题下的档案具有内容上的相关性,因此,通过对这些档案的综合分析,可以揭示出某一主题或领域的发展脉络、主要问题和研究趋势。这对于学术研究、政策制定或历史研究等需要深入挖掘档案资源的领域具有重要的价值。

此外,按主题分类还具有一定的灵活性和可扩展性。随着社会的不断发展和新问题的不断涌现,新的档案主题也会不断产生。按主题分类可以很容易适应这种变化,通过添加新的主题类别来容纳新的档案内容。同时,由于这种分类方法不依赖于特定的时间或组织机构,因此,在面对组织变革或历史变迁时也能保持相对的稳定性。

### (四)按保管期限分类

在档案管理的实践中,按保管期限分类是一种常见的档案整理方法。这种分类方法主要依据档案的保存时间长短来进行划分,对于档案的长期保存和有效管理具有重要的意义。

按保管期限分类有助于明确档案的保存责任和要求。在档案管理中,不同档案的重要性、机密性和保存价值各不相同,因此,其保管期限也存在差异。按照保管期限进行分类,可以明确各类档案的保存时限,从而有针对性地制定相应的保存措施和责任要求,确保档案得到妥善保管。

按保管期限分类有助于提高档案检索和利用的效率。在大量的档案中,根据保管期限进行分类,可以使研究者或用户快速定位到需要查阅的档案范围。这样既可以缩小检索范围,提高检索效率,又能够更好地满足用户对档案信息的利用需求。同时,对于已经达到保管期限的档案,及时进行鉴定和销毁,有助于优化档案馆藏,提高档案管理的整体效益。

按保管期限分类还有助于实现档案管理的规范化和法治化。在档案管理实践中,遵循国家或组织的相关法规和标准是必要的。按照保管期限进行分类,可以确保档案管理的操作符合相关法规和标准的要求,使档案管理更加规范化和法治化。

### (五)按地域分类

按地域分类对于理解和利用与特定地理位置相关的档案具有独特价值。

按地域分类体现了档案的空间属性。地域,作为人类活动的舞台,与各种事件、文化和历史进程紧密相连。档案,作为这些活动的记录,往往带有鲜明的地域特征。按地域分类就是将这一特征显性化,使得同一地域内发生的各种事件、活动及其相关档案得以聚合,从而便于从空间维度揭示和解读历史。

第一,按地域分类有助于维护档案的完整性和真实性。在某些情况下,档案的形成、保存和流传与其所在的地域环境密切相关。例如,地方政府的行政记录、民间社会的文化实践、自然环境的变迁记录等,都深受地域因素的影响。将这些档案按照地域进行分类,可以更好地保留其原始背景和上下文信息,从而确保档案的完整性和真实性。

第二,按地域分类还有助于满足特定用户的需求。在学术研究、地方史志编纂、文化遗产保护等领域,研究者往往对某一特定地域的档案资源有着浓厚的兴趣。按地域分类可以使得这些档案资源更加集中和易于获取,从而满足研究者的需求。

### (六)按档案载体分类

按档案载体分类是一种基于档案物理形态的分类方法,对于档案管理与保护具有重要意义。

按档案载体分类体现了档案的物理特性。档案载体是指记录档案信息的材料或媒介,如纸张、胶片、磁带、光盘等。不同的档案载体具有不同的物理特性和保存要求。按档案载体进行分类,可以针对不同载体的特点采取相应的管理措施,确保档案的安全与长期可读性。

首先,按档案载体分类有助于实现档案的分级存储与管理。在档案管理实践中,由于存储空间有限,需要根据档案的重要程度和利用频率进行分级存储。按档案载体分类可以作为一种有效的分级手段,将重要且频繁利用的档案存储在易于访问和管理的位置,而将次要或不常用的档案存储在较远的位置或采用其他存储方式。

其次,按档案载体分类还有助于推动档案管理的技术创新与升级。随着科技的不断发展,新的档案载体不断涌现,如数字档案、云计算存储等。按档案载体分类可以促使档案管理机构及时关注新技术的发展与应用,更新档案管理设备和方法,提高档案管理的效率和质量。

# 第二节　档案保管与保护技术

## 一、档案保管与保护概述

### (一)档案保管与保护的意义

档案,作为人类社会实践活动的原始记录,承载着丰富的历史、文化和知识信息。它们不仅是过去的见证,也是未来的指南。

**1. 档案保管与保护是维护历史真实性的基石**

档案是历史的直接证据,它们记录了人类社会的发展轨迹和变迁过程。通过妥善保管档案,可以确保这些历史记录的完整性和真实性,为后人提供准确的历史资料,帮助他们了解过去、认识现在、规划未来。

**2. 档案保管与保护是促进文化传承与创新的关键**

档案中蕴含着丰富的文化遗产和智慧成果,它们是人类文明的重要组成部分。通过保护和利用档案资源,可以传承和弘扬优秀传统文化,同时也可以激发创新思维,推动文化发展和繁荣。

**3. 档案保管与保护是保障社会稳定与发展的重要支撑**

在社会治理和公共服务领域,档案发挥着不可或缺的作用。它们为政府决策、法律实施、社会管理等提供重要依据和支撑。通过加强档案保管与保护工作,可以确保这些社会功能的正常发挥,维护社会秩序和公共利益。

**4. 档案保管与保护具有科学研究价值**

在学术研究领域,档案是重要的研究对象和资料来源。通过对档案的深入分析和挖掘,可以揭示人类社会的发展规律和趋势,推动相关学科的发展和创新。

### (二)档案保管与保护的基本原则

档案的保管与保护是档案管理工作的核心内容,为确保档案的安全、完整和长期保存,必须遵循一系列基本原则。这些原则不仅是档案管理的理论基础,也是实际操作的重要指导。

### 1. 完整性原则

完整性原则是档案保管与保护的首要原则。确保档案的完整性意味着防止档案的丢失、破损或被篡改。这要求在档案的收集、整理、存储和利用等各个环节都要严格把关,确保档案的原始记录能够全面、真实地反映相关事件或活动。

### 2. 长期保存原则

长期保存原则是档案保管与保护的核心目标。由于档案具有不可替代性和不可再生性,我们必须制定和实施长期的保存策略,包括适当的存储环境、定期的检查和维护等措施,以确保档案能够长期保存下去。

### 3. 可用性原则

可用性原则是档案保管与保护的重要考量因素。档案的价值在于其被利用,因此,在确保档案安全和长期保存的同时,也要确保档案的可用性,即方便查阅和利用。这要求我们提供适当的检索工具和服务,使得研究者、学者或公众能够方便地获取和使用档案。

### 4. 分级管理原则

分级管理原则体现了对档案保管与保护的精细化管理。根据档案的重要性、价值和利用频率等特征,我们需要对档案进行分级管理,对不同级别的档案采取不同的保管措施和保护策略。这不仅能够提高管理效率,也能够更好地满足不同用户的需求。

### 5. 技术更新原则

技术更新原则强调了技术在档案保管与保护中的关键作用。随着科技的不断发展,档案管理的方法和技术也在不断更新。因此,我们需要持续关注新技术的发展和应用,不断更新档案管理的方法和手段,以提高档案保管与保护的效率和效果。

## 二、档案保管技术

### (一)档案存储环境控制技术

### 1. 温湿度控制

温湿度控制是档案存储环境中最重要的因素之一,它对档案的保存状况具有直接且显著的影响。不适宜的温湿度条件可以加速档案材料的损坏,导致字迹模糊、纸张变形、虫霉滋生等问题,从而影响档案的完整性和长期保存。因此,对档案存储环境的温湿度进行精确控制是至关重要的。

(1)温度

温度过高或过低都会对档案造成损害。高温能够加速化学反应和微生物生长,导致纸张中的纤维素降解,加快字迹的褪色速度。同时,高温还可能促使档案材料中的有害化学成分挥发,对档案的保存构成威胁。而低温则可能引起纸张的收缩和脆化,降低纸张的耐久性。因此,根据各类档案材料的特性,需要设定一个适宜的存储温度范围,以减缓档案的老化和损坏过程。

(2)湿度

湿度过高会导致档案材料吸水膨胀,引起卷曲、变形和强度下降,同时为霉菌生长提供了有利条件。湿度过低则可能导致纸张产生静电现象,吸引尘埃并加速纸张脆化。因此,保持适当的湿度水平对于维持档案材料的物理稳定性和微生物防护是至关重要的。

针对温湿度控制的重要性,档案存储环境的温湿度控制技术应运而生。这种技术主要通过调节档案库房的温湿度环境,以实现档案的长期保存。具体措施包括使用去湿机、加湿器、空调等设备进行温湿度调节,以及定期监测库房内的温湿度数据,确保其维持在适宜的范围内。此外,档案库房的建筑设计也会考虑到自然通风和采光等因素,以实现温湿度的自然调节。

**2. 空气净化与防尘**

在档案存储环境中,空气质量和防尘措施是至关重要的因素,它们对于保护档案的完整性和长期可读性具有不可替代的作用。

(1)空气净化

空气中存在着大量的污染物质,如硫化物、氮化物、臭氧、微生物等。这些污染物不仅会对档案材料造成化学腐蚀,加速纸张老化,还可能引起字迹褪色、图像模糊等问题。因此,对档案存储环境进行空气净化处理是保护档案的必要措施。通过安装空气净化设备,如空气过滤器、除臭装置等,可以有效去除空气中的有害成分,为档案提供一个洁净的存储环境。

(2)防尘措施

尘埃不仅会对档案材料造成物理磨损,还可能携带微生物和有害化学物质,对档案构成潜在威胁。此外,尘埃还会影响档案的清晰度和可读性,降低档案的使用价值。为了有效防尘,档案库房通常采用密闭式设计,减少外部尘埃的侵入。同时,内部也会定期进行清洁工作,包括使用吸尘器、擦拭表面灰尘等,确保档案的清洁和整洁。

（二）档案包装与装具选择技术

**1. 档案盒、袋的选择与使用**

在档案存储和管理过程中,包装和装具的选择直接关系到档案的保护效果和使用便利性。特别是档案盒、袋等容器,在档案保护中发挥着不可或缺的作用。

档案盒的选择应基于档案的材质、尺寸和保存需求。一般来说,档案盒应具备良好的承重能力、防潮性能和耐用性。材质上,常见的档案盒有纸质、塑料和金属等。纸质档案盒轻便且成本低,但防潮性能较差;塑料档案盒防潮、耐用,适合长期保存;金属档案盒则具有更高的承重能力和防火性能,但成本较高。尺寸上,应根据档案的大小和厚度选择合适的档案盒,以确保档案的平整和避免褶皱。

档案袋的选择同样需要考虑档案的特性和保存需求。与档案盒相比,档案袋更加轻便且易于携带。常见的档案袋有牛皮纸袋、塑料袋等。牛皮纸袋透气性好,适合短期存储和携带;塑料袋则具有更好的防潮性能,适合长期保存。在选择档案袋时,还应注意其封口方式,如热封、自封等,以确保封口牢固、不易散开。

**2. 档案柜、架的设计与选用**

档案柜、架作为档案存储的重要容器和支撑结构,其设计与选用对于档案的保护、管理和检索具有重要影响。一个合理的设计和选用可以确保档案的安全性、有序性和便利性。

（1）档案柜的设计与选用

①材质选择:档案柜的材质应具备防潮、防尘、防火等性能,常见的有木质、金属等材质。木质档案柜外观美观,但需要注意防潮处理;金属档案柜则具备更好的防火性能,但需要注意防锈处理。

②结构稳定性:档案柜的结构设计应保证稳定性,防止在使用过程中发生倾斜或变形。同时,柜门应能完全开启,便于存取档案。

③分区与标识:档案柜内部应进行合理分区,以便于存放不同类型的档案。同时,柜体和抽屉上应设置明确的标识,便于管理和查找。

④安全性能:档案柜应具备安全性能,如配备锁具等,以确保档案的安全性和保密性。

在选用档案柜时,需要考虑以下几个因素:

①存储需求:根据需要存储的档案数量和类型,选择合适尺寸和层高的档

案柜。

②环境条件:考虑档案室的湿度、温度等环境条件,选择适应性强、性能稳定的档案柜。

③成本预算:根据预算情况,在满足需求的前提下选择性价比高的档案柜。

(2)档案架的设计与选用

档案架主要用于开放式存储,可分为落地式、壁挂式和独立式等类型。其设计要点包括:

①承重能力:档案架应具备足够的承重能力,以保证放置在上面的档案不会出现倾倒或变形。

②稳定性:档案架的结构设计应保证稳定性,确保在使用过程中不会发生摇晃或倾斜。

③易用性:档案架的高度和间距应便于存取档案,同时设置明确的标识,便于查找和管理。

④适应性:档案架的设计应适应不同种类的档案盒、袋等容器,以便于整理和存放。

在选用档案架时,需要考虑以下因素:

①存储空间:根据可用空间选择合适的尺寸和类型,以达到最佳的存储效果。

②成本预算:根据预算情况选择性价比高的档案架,同时考虑长期使用的稳定性和可靠性。

③扩展性:如果需求有增长,应选择具备一定扩展性的档案架,以满足未来的存储需求。

(三)档案排列与编号技术

**1. 全宗排列法**

全宗排列法以全宗为单位对档案进行组织和排列。全宗是一个独立的档案集合体,代表着某一社会组织或个人的全部档案。

全宗排列法的基本原则是以全宗为单位对档案进行分类和排列。在全宗内,可以根据档案的属性和特点,采用多种分类标准,如年度、组织机构、问题等,对档案进行细分和排列。这种分类和排列方式能够保持档案的历史联系,反映组织或个人的活动轨迹和演变过程。

全宗排列法的优点在于能够保持档案的历史联系和完整性,提高档案管理的效率和利用的便利性。同时,全宗排列法还能够促进档案管理的规范化和标准化,为档案的长期保存和开发利用奠定基础。

在实际应用中,全宗排列法可以根据具体情况进行调整和完善。例如,可以根据实际需要增设新的全宗或调整现有全宗的界限;可以根据档案的特点和利用需求调整分类标准和方法;可以根据档案的属性和管理要求制定个性化的编号和标识方案。通过不断的调整和完善,可以使得全宗排列法更好地适应档案管理的需求和发展。

**2. 档案编号方法与规则**

在档案管理工作中,档案的编号与排序是不可或缺的一环。合理的编号方法和规则不仅有助于档案的分类、整理和检索,还能提高档案管理工作的效率。

档案编号的基本目的是标识和区分不同的档案,帮助管理人员快速识别和定位档案。编号应当具有唯一性,避免出现重复或交叉的情况。同时,编号应简单明了,易于记忆和识别,以提高检索效率。

档案编号的方法有多种,常见的有按年度编号、按主题编号、按保管期限编号等。具体采用哪种编号方法,应根据档案的特点和管理要求来确定。例如,对于数量较多、时效性强的档案,可以采用年度编号法;对于主题相似、相关性强的档案,可以采用主题编号法;对于不同保管期限的档案,可以采用保管期限编号法。

为了确保编号的规范性和标准化,应制定明确的编号规则。这些规则应包括编号的格式、字符、位数等细节,并确保在档案管理过程中得到严格执行。例如,可以规定采用字母和数字结合的方式进行编号,其中字母代表分类,数字代表顺序。同时,对于一些特殊情况,如补档、更改保管期限等,也应制定相应的处理规则。

## 三、档案保护技术

### (一)纸质档案保护技术

**1. 纸张的耐久性及其影响因素**

纸张的耐久性是决定纸质档案寿命的关键因素。

(1)制造材料和工艺

纸张的耐久性主要取决于其制造材料和工艺。传统的纸张主要由植物纤维制成,如棉、麻、竹等,这些植物纤维在适当的条件下可以保持相当长时间的稳定性。然而,纸张的耐久性也受到生产过程中添加物的制约,如防腐剂、增塑剂等。这些添加物有可能因环境因素如湿度、温度的改变而发生化学反应，导致纸张变质。

（2）环境因素

环境因素对纸张耐久性的影响不容忽视。过高的湿度、温度以及紫外线等环境因素能够加速纸张中纤维的水解和氧化过程，从而导致纸张变黄、变脆，乃至碎裂。此外，环境中的有害气体、微生物和尘埃等也会对纸张造成损害。

（3）时间

纸张的老化过程与时间密切相关。即使在理想的保存条件下，纸张也会随着时间的推移而发生自然老化。这一过程涉及纸张纤维的水解和氧化，导致纸张强度下降、颜色变淡。因此，及时采取有效的保护措施是延长纸质档案寿命的关键。

**2. 纸质档案的防老化措施**

随着时间的推移，纸质档案往往会面临老化的风险，导致纸张变黄、变脆，文字模糊等。因此，采取有效的防老化措施是纸质档案保护的重要环节。

（1）控制保存环境

控制保存环境是防止纸质档案老化的重要措施之一。保持恒定的温湿度对于延长纸质档案的寿命至关重要。过高的温度和湿度会导致纸张中的纤维发生水解和氧化反应，加速纸张的老化。因此，应当将纸质档案保存于温度适中、湿度适宜的环境中，避免阳光直射和有害气体的侵害。

（2）防虫防霉

采取适当的防虫防霉措施是防止纸质档案老化的重要手段。纸质档案容易受到虫蛀和霉变的侵害，这些生物侵害会导致纸张损坏和文字模糊。因此，应当定期检查纸质档案的保存情况，采取必要的防虫防霉措施，如放置防虫剂、吸湿剂等。

（3）预防机械损伤

预防机械损伤是防止纸质档案老化的关键措施之一。在保存和利用过程中，纸质档案容易受到摩擦、折叠、撕裂等机械损伤，这些损伤会加速纸张的老化进程。因此，应当采取适当的保护措施，如使用护角、衬纸等，以减少机械损伤的发生。

（4）预防光照损伤

预防光照损伤是防止纸质档案老化的重要手段之一。紫外线照射对纸张中的纤维具有破坏作用，导致纸张变黄、变脆。因此，应当避免阳光直接照射纸质档案，同时采取必要的遮光措施，如使用窗帘、百叶窗等。

（5）定期整理和修复

定期整理和修复是防止纸质档案老化的有效措施之一。对于已经老化的纸质档案,应当及时进行整理和修复,如进行纸张加固、字迹恢复等。这些措施可以有效延长纸质档案的寿命,保持其历史和文化的价值。

## （二）胶片档案保护技术

### 1.胶片的保存环境与条件

胶片档案作为一种特殊的档案形式,其保护与保存对于维护历史和文化遗产具有重要意义。胶片由塑料、纸张等材料制成,其保存环境与条件对其寿命和完整性产生显著影响。

（1）温度和湿度

温度和湿度是影响胶片保存的重要环境因素。高温和高湿环境可能导致胶片变形、发霉或产生化学反应,从而损坏胶片上的影像。相反,过低的温度可能导致胶片脆化。因此,为了确保胶片的长期保存,应当将胶片保存于温度适中、湿度适宜的环境中,一般建议温度控制在 15－25 ℃,相对湿度维持在40%—60%。

（2）光线

光线对胶片的保存具有重要影响。紫外线和其他可见光辐射能够导致胶片褪色、变黄,从而损坏影像质量。因此,应当避免阳光直接照射胶片,同时采取适当的遮光措施,如使用不透光的盒子或袋子进行保存。此外,长时间暴露在强光下还可能导致胶片产生光化学反应,加速胶片的损坏。

（3）有害气体和微生物

有害气体和微生物也是影响胶片保存的重要因素。某些有害气体,如硫化氢、二氧化硫等,能够与胶片中的化学成分发生反应,导致影像损坏。同时,微生物滋生也可能对胶片造成损害。因此,应当保持胶片保存环境的清洁,定期进行空气净化,并采取必要的防霉、防菌措施。

（4）避免机械损伤

胶片的保存还应当注意避免机械损伤。在移动、拿取或存放过程中,应当小心谨慎,避免胶片受到摩擦、挤压或刮伤。同时,为了防止胶片粘连,应当保持适当的存放间距,并定期进行通风和翻动。

### 2.胶片的检查与维护措施

定期的检查与维护是确保胶片档案长久保存的关键措施。

(1)定期检查

定期检查是维护胶片档案完整性的重要环节。通过定期检查,可以及时发现胶片可能存在的问题,如发霉、变形、粘连等,并采取相应的修复措施。检查的频率应根据保存环境和胶片状况而定,一般建议至少每年进行一次全面检查。在检查过程中,应当注意观察胶片的外观、气味和质地,检查是否有霉点、划痕、褪色等现象。

(2)采取必要的维护措施

必要的维护措施也是保持胶片档案完整性的重要手段。对于已经出现问题的胶片,应当采取适当的维护措施,如除尘、去污、修复等。对于积尘和污渍,可以使用柔软的布料轻轻擦拭,避免使用过于粗糙的布料或有机溶剂,以免损坏胶片表面。对于轻微的发霉或变色,可以采用化学药剂进行清洗和还原,但应当注意药剂的选择和使用方法,避免对胶片造成进一步损害。

(3)修复和复制

对于已经损坏或老化的胶片,应当及时进行修复和复制。修复可以采用物理或化学方法,如加固胶片、去除划痕等。复制则可以采用摄影或数字扫描等方法,将胶片影像转换为数字化格式,以便于永久保存和利用。无论是修复还是复制,都应当注意保持原始影像的完整性和真实性,不得进行随意修改或删减。

(4)建立完善的档案管理制度

为了更好地管理和维护胶片档案,应当建立完善的档案管理制度。管理制度应当包括档案的分类、编目、存储、借阅等方面的规定,确保胶片档案的安全和完整。同时,还应当加强人员培训和管理,提高档案管理人员的专业素质和责任心,确保他们能够熟练掌握胶片档案的检查与维护技术。

## (三)磁记录档案保护技术

### 1.磁记录档案的保存环境与条件

磁记录档案,如录像带、录音带、磁带等,作为一种特殊的档案形式,其存储介质对保存环境和条件有着特殊的要求。为了确保磁记录档案的长期保存,必须了解和掌握其保存环境与条件。

(1)温度和湿度

温度和湿度是影响磁记录档案保存的重要环境因素。不适宜的温度和湿度条件会导致磁带发生变形、粘连或磁粉脱落等现象,从而损坏记录的信息。因此,磁记录档案应当保存在相对稳定的温湿度环境中,一般建议温度控制在15-25 ℃,相对湿度维持在40%—60%。

（2）环境

磁记录档案的保存应当避免暴露在强磁场和电磁辐射的环境中。强磁场和电磁辐射会对磁带上的磁记录造成干扰和破坏，导致信息丢失或损坏。因此，应当选择远离强磁场和电磁辐射源的地方进行保存，并注意避免使用的磁性物品接近磁带。

（3）光线

光线对磁记录档案的保存也有一定影响。长时间暴露在强光下可能导致磁带发生氧化和老化，损坏记录的信息。

**2. 磁记录档案的维护措施与复制迁移策略**

（1）维护措施

维护措施是确保磁记录档案长久保存的关键。定期检查磁带的状态，观察是否有变形、粘连、磁粉脱落等现象，以及记录信息是否清晰可辨。对于已经受损的磁带，应当及时采取修复措施，如加固带基、去除磁粉等。同时，为了防止进一步损坏和信息丢失，应当停止使用已经受损的磁带。

（2）清洁

清洁是维护磁记录档案的重要措施。磁带表面容易受到灰尘、污渍的影响，导致信息读取困难。因此，应当定期清洁磁带表面，使用柔软的布料轻轻擦拭，避免使用过于粗糙的布料或有机溶剂，以免损坏磁带表面。

（3）复制迁移

随着时间的推移和技术的发展，磁带的存储密度和读取设备可能会发生变化。为了确保磁记录档案的长期保存和利用，应当定期进行复制迁移。在复制迁移过程中，应当使用专业的设备和符合规范的技术手段，确保原始信息的真实性和完整性。同时，还应当对复制迁移后的磁带进行质量检查，确保复制迁移的效果符合要求。

（4）数字化保存

对于一些珍贵的、具有历史价值的磁记录档案，可以采取数字化保存的策略。数字化保存即将磁记录档案转换为数字化格式，存储在数字媒体上，如硬盘、光盘等。数字化保存可以有效地避免传统磁带存储介质的缺陷，提供更好的长期保存和利用条件。在数字化保存过程中，也应当注意保护原始档案的完整性和真实性，不得进行随意修改或删减。

（四）数字档案保护技术

**1. 数字档案的存储介质与格式选择**

随着数字化时代的到来，数字档案已经成为重要的信息资源。为了确保数字档案的长期保存和利用,选择合适的存储介质与格式显得尤为重要。

(1)存储介质

存储介质是数字档案保存的基础。常见的数字档案存储介质包括硬盘、光盘、磁带等。这些存储介质各有优缺点,应根据数字档案的特性和需求进行选择。例如,硬盘具有较高的读写速度,适用于需要频繁访问的数字档案;光盘则具有低成本、长时间保存的优点,适用于长期保存且不经常访问的数字档案;磁带则适合于大量数据的离线存储和备份。

(2)格式选择

不同的数字档案格式对应着不同的应用场景和存储特点。常见的数字档案格式包括 JPG、PDF、DOC 等。选择合适的格式能够确保数字档案的真实性、完整性和可读性。例如,对于图像类档案,应选择 JPG 或 PNG 等格式,这些格式能够较好地保存图像的质量和细节;对于文档类档案,应选择 PDF 或 DOC 等格式,这些格式能够保持文档的原貌和内容完整性。

此外,数字档案的格式选择还应考虑兼容性和标准化问题。随着技术的不断发展,数字档案的格式也在不断演变。为了确保数字档案的长期可用性,应选择那些具有广泛兼容性和标准化的格式。例如,PDF 格式作为一种跨平台的文档格式,被广泛接受和应用,是数字档案格式的优选之一。

(3)安全性

数字档案的存储介质与格式选择还应考虑安全性问题。由于数字档案具有易复制、易传播的特点,因此,容易遭受非法访问、篡改和窃取等安全威胁。为了确保数字档案的安全性,应采取有效的加密技术、访问控制措施和备份策略等安全措施,确保数字档案的安全存储和利用。

**2. 数字档案的备份与恢复策略**

由于各种原因,如硬件故障、软件崩溃或人为错误,数字档案可能会遭受损失或损坏。因此,备份与恢复策略在数字档案保护中显得尤为重要。

(1)备份

备份是数字档案保护的关键措施。通过备份,可以确保数字档案在遭受损失或损坏后能够恢复。备份方式有多种,包括在线备份、离线备份和近线备份。在线备份是指通过网络实时备份数据,具有高可用性和快速恢复的特点;离线备份则是将数据复制到不可写的存储介质上,如磁带,以实现长期保存;近线备份则结合了在线和离线备份的优势,既保证了数据的高可用性,又实现了长期保存。

(2)恢复

恢复策略也是数字档案保护的重要环节。恢复策略应根据备份方式和数字档案的重要性进行制定。对于关键的数字档案,应制订详细的恢复计划,包括恢复流程、恢复人员和恢复时间等。此外,为了确保恢复的有效性,应定期进行恢复演练和测试,以确保备份数据的有效性和可用性。

(3)数据安全性和完整性

备份与恢复策略还应考虑数据的安全性和完整性。在备份过程中,应采取有效的加密和访问控制措施,确保数据的安全性和隐私保护。同时,为了确保数据的完整性,应定期验证备份数据的完整性和准确性。

**3. 数字档案的迁移与转换技术**

随着信息技术的飞速发展,数字档案的存储介质、格式和处理技术也在不断演变。为了确保数字档案的长期保存和利用,数字档案的迁移与转换技术显得尤为重要。

(1)迁移技术

迁移技术是数字档案保护的重要手段之一。由于存储介质和技术的更新换代,数字档案需要从一个系统或格式迁移到另一个系统或格式。迁移的目的是保持数字档案的真实性、完整性和可读性。迁移过程中,应采取有效的技术和措施,如数据转换、格式转换和元数据管理等,确保数字档案在迁移过程中的数据不丢失、不损坏。同时,为了确保迁移的效率和效果,还应制订详细的迁移计划和流程,并进行测试和验证。

(2)转换技术

转换技术是数字档案保护的关键技术之一。转换是指将数字档案从一种格式或结构转换为另一种格式或结构的过程。转换的目的是适应新的应用需求、提高数字档案的利用效率和实现数字档案的长期保存。转换过程中,应采用有效的算法和技术,如数据清洗、数据去重和数据压缩等,确保转换后的数字档案保持较高的质量。同时,为了确保转换的有效性和准确性,还应定期进行转换效果的评估和验证。

(3)数字档案的安全性和隐私保护

为了防止数字档案在迁移与转换过程中遭受恶意攻击或篡改,应加强安全审计和监控措施。随着技术的不断发展,数字档案的迁移与转换技术也应不断更新和改进。应关注新技术的发展动态,如云计算、大数据和人工智能等,并根据需要进行调整和优化。

# 第三节  档案检索与利用服务

## 一、档案检索与利用服务的重要性

随着信息时代的到来,档案作为组织、机构和个人的重要信息资源,其价值日益凸显。而档案检索与利用服务作为档案工作的重要组成部分,对于充分发挥档案的价值、满足用户需求、促进档案事业的可持续发展具有重要意义。

第一,档案检索与利用服务有助于提升档案工作的整体水平。传统的档案工作侧重于档案的收集、整理和保管,而忽视了对档案信息的挖掘和利用。通过开展档案检索与利用服务,能够促进档案工作者从传统的保管员向信息导航员的角色转变,进一步提高档案工作的整体水平。

第二,档案检索与利用服务有助于充分发挥档案的价值。档案作为历史的见证和信息的载体,具有重要的参考价值、凭证价值和知识价值。通过档案检索与利用服务,能够使这些价值得以充分展现和利用,为社会的发展和进步提供有力支持。

第三,档案检索与利用服务有助于满足用户多样化的需求。在信息爆炸的时代,用户对信息的需求呈现多样化、个性化的特点。通过提供高效的档案检索与利用服务,能够帮助用户快速定位所需档案信息,解决实际问题,提高工作效率。

第四,档案检索与利用服务有助于促进档案事业的可持续发展。随着信息技术的不断发展,传统的档案管理模式已经难以适应时代的要求。通过创新档案检索与利用服务模式,推动档案工作的数字化、网络化和智能化发展,能够为档案事业的可持续发展注入新的活力。

## 二、档案检索技术

### (一)传统手工检索

档案检索技术作为获取和组织档案信息的关键手段,随着时代的发展和技术进步,经历了从传统手工检索到现代计算机检索的演变。其中,传统手工检索作为最早的档案检索方式,虽然在效率和技术上存在局限性,但在特定的历史时期和场景中,仍然发挥着不可替代的作用。

传统手工检索基于人工分类和目录编制,主要通过纸质文档和手工操作完成。检索过程依赖于档案工作者的专业知识和经验,以及对档案内容的深入了解。这种检索方式的优点在于,它能够根据特定的需求和标准,对档案进行细致的分类和整理,有助于深入挖掘档案的价值。此外,对于某些珍贵的、难以电子化的档案,传统手工检索更是保护和利用其内容的必要手段。

然而,传统手工检索的局限性也显而易见。首先,随着档案数量的增加和类别的多样化,手工检索的工作量会急剧增大,效率较低。其次,由于人工操作的误差和主观性,传统手工检索可能存在分类不准确、信息不全或遗漏等问题,影响检索结果的准确性和完整性。此外,传统手工检索还面临着纸质档案的保存和维护问题,如老化、损坏和遗失等风险。

尽管如此,在数字化和自动化技术尚未普及或不适用的时期和领域,传统手工检索仍然是一种重要的档案信息获取方式。对于某些特殊的、珍贵的档案,由于其独特性和不可替代性,传统手工检索更是不可或缺的手段。因此,在档案工作中,应当根据实际情况和需求,结合传统手工检索与现代技术手段,以更全面、准确、高效的方式管理和利用档案资源。

## (二)计算机检索技术

随着信息技术的飞速发展,计算机检索技术在档案检索领域的应用日益广泛。计算机检索技术以其高效、准确和便捷的特性,成为现代档案检索的主流方式,深刻地改变了档案信息的管理和利用模式。

计算机检索技术基于数据库系统和索引技术,通过建立档案信息的数字化存储和索引机制,实现对海量档案信息的快速检索和高效管理。这种检索方式的优点在于,它能够大幅提高检索的准确率和效率,降低人工干预和误差,同时实现档案信息的长期保存和动态更新。

然而,计算机检索技术也存在一些局限性和挑战。例如,对于非结构化数据的处理(如文本、图像等)仍存在技术挑战;数据安全和隐私保护问题也日益突出;此外,技术的不断更新换代也要求持续的维护和升级。

## (三)互联网检索技术

在信息时代,互联网已经成为人们获取信息的主要渠道之一。档案检索技术中的互联网检索技术,以其广泛的资源覆盖、高效的检索机制和便捷的用户体验,成为档案检索领域的重要发展方向。

互联网检索技术基于互联网的搜索引擎,通过爬虫程序、索引算法和数据库管理系统等技术手段,实现对互联网上档案信息的采集、处理、存储和检索。其核心是利用自动化的网络爬虫程序从各个网站上抓取数据,并通过分析数据的内容和上下文信息建立索引,以实现对这些数据的快速检索和访问。

然而,互联网检索技术也存在一些挑战和问题。例如,如何确保检索结果的质量和准确性,避免出现虚假或误导性的信息;如何保护数据隐私和安全,防止个人信息泄露;以及如何应对网络信息的动态变化和海量数据的处理等。

### (四)语义检索技术

随着信息爆炸和大数据时代的到来,传统的基于关键词的档案检索方式已难以满足用户对精确、智能检索的需求。在此背景下,语义检索技术应运而生,为档案检索领域带来了革命性的变革。

语义检索技术基于自然语言处理、人工智能和机器学习等技术,旨在深入理解档案信息的内在含义和上下文关系,进而提高检索的准确性和智能化水平。该技术通过分析档案内容的语义信息,自动识别和抽取关键概念、实体和关系,构建档案信息的语义模型。用户则可使用自然语言进行查询,系统自动将用户查询转化为语义层面上的比较,实现更为精准的匹配。

然而,语义检索技术仍面临一些挑战。例如,如何建立完善的语义模型,实现档案信息的准确理解和抽取;如何处理自然语言的歧义和不确定性;以及如何确保机器学习模型的泛化能力等。

### (五)图像检索技术

随着多媒体技术的迅速发展,图像在档案信息中的占比逐渐增加。为了更好地管理和利用这些图像资源,图像检索技术在档案检索领域的应用日益受到关注。

图像检索技术是利用计算机视觉和图像处理技术,对图像内容进行分析、理解和比较,以实现图像的检索和相似性匹配。与传统的基于文本的检索方式相比,图像检索技术更适用于对非文字信息进行检索,能够更直观、准确地表达和获取信息。

然而,图像检索技术也存在一些挑战和限制。例如,对于复杂图像内容的理解和特征提取仍存在技术难度;对于相似图像的判断标准也较为主观和模糊;此外,对于大规模图像数据的处理和存储也需要高效的算法和系统支持。

## 三、档案利用服务模式

### (一)档案阅览服务

档案阅览服务作为档案利用服务模式的一种重要形式,旨在为档案用户提供直接、便捷的档案信息查阅服务。通过档案阅览服务,用户可以在档案馆或相关机构中,亲身体验和直接利用档案资料,满足其学术、工作或个人需求。

然而,档案阅览服务也存在一些局限性。例如,对于远程用户或无法亲自到馆的用户来说,这种服务模式存在一定的不便;同时,对于某些珍贵或易受损的档案,提供阅览服务时需要特别小心和保护。

### (二)档案复制服务

在档案领域中,档案复制服务是一种常见的利用服务模式,它满足了用户对档案信息的多重需求。这种服务模式的出现,既是为了保护档案原件不受损害,也是为了方便用户获取档案的副本,用于各种研究和利用活动。

尽管档案复制服务带来了诸多便利,但也存在一些挑战和限制。例如,某些珍贵的、易受损的档案可能不适合进行频繁的复制;同时,复制成本和时间也是需要考虑的因素。

### (三)档案数字化服务

在信息时代,档案数字化服务已成为档案利用服务模式的重要组成部分。这种服务模式利用信息技术将传统载体的档案进行数字化处理,为用户提供高效、便捷的档案信息利用方式。

然而,档案数字化服务也存在一些挑战和限制。例如,数字化过程中的数据丢失、损坏或篡改风险;数字化后的档案信息保护知识产权问题;以及数字化服务的成本和资源投入等。

### (四)档案外借服务

档案外借服务作为档案利用服务模式的一种重要形式,旨在满足用户在特定情况下将档案原件带出档案馆进行利用的需求。这种服务模式有助于用户更深入地了解档案内容,并在一定范围内扩展档案的利用价值。

然而,档案外借服务也存在一些挑战和限制。例如,档案原件的损坏或丢失风险;用户在使用过程中的不当行为或疏忽;以及外借过程中涉及的版权、隐私等问题。

### (五)档案展览服务

档案展览服务是档案利用服务模式中的一种重要形式,它通过将档案以展览的方式呈现给公众,帮助公众了解和认识档案的历史价值和文化内涵,促进档案信息的传播和利用。

然而,档案展览服务也存在一些挑战和限制。例如,展览的组织和管理需要耗费大量的人力、物力和财力;展览的内容和形式需要经过精心地策划和设计,以确保展览的质量和效果;同时,展览的观众数量和参与度也需要进行有效的推广和营销。

### (六)档案咨询服务

档案咨询服务是档案利用服务模式中的一种重要形式,它通过提供专业的咨询和解答服务,帮助用户解决在档案利用过程中遇到的问题和困惑。

然而,档案咨询服务也存在一些挑战和限制。例如,咨询问题的复杂性和多样性可能超出咨询人员的专业范围和知识储备;咨询服务的及时性和有效性也可能受到咨询人员的工作时间和工作量的影响。

### (七)档案定制服务

档案定制服务是一种以满足用户个性化需求为导向的档案利用服务模式。这种服务模式旨在根据用户的具体需求和偏好,为其提供量身定制的档案服务和解决方案。

然而,档案定制服务也存在一些挑战和限制。例如,用户需求的多样性和复杂性可能超出定制服务的范围和能力;定制服务的成本和资源投入可能较高,需要合理规划和配置。

### (八)档案知识服务

档案知识服务是一种基于档案资源,以用户需求为导向,通过挖掘、转化和传递档案中的知识,为用户提供解决实际问题的服务模式。

然而,档案知识服务也存在一些挑战和限制。例如,档案中的知识可能较为分散和隐蔽,需要深入挖掘和整理;同时,知识服务的专业性和针对性要求也较高,需要具备较高的专业素养和服务能力。

### (九)档案开放获取服务

档案开放获取服务是一种以开放和共享为原则的档案利用服务模式,旨在让更多的人能够自由地、不受限制地访问和利用档案资源。

然而,档案开放获取服务也存在一些挑战和限制。例如,档案资源的版权问题、隐私保护问题以及数字化和网络化的安全问题等都需要考虑和处理。

### (十)档案在线利用服务

档案在线利用服务,是随着信息技术和互联网的发展而兴起的档案利用服务模式,主要通过网络平台为用户提供档案信息的检索、查阅、获取和利用等服务。对于促进档案资源的共享和利用、推动档案事业的发展具有重要意义。

　　然而,档案在线利用服务也存在一些挑战和限制。例如,网络安全和数据保护问题、服务的稳定性和持续性,以及用户隐私保护等问题都需要考虑和处理。应继续加强档案在线利用服务的建设和发展,提升服务质量,更好地服务于广大用户和社会。

# 第三章 档案实体管理实践

## 第一节 档案收集与整理流程

### 一、档案收集与整理的重要性

档案收集与整理是档案管理工作的基础环节,对于整个档案管理体系的运作具有至关重要的意义。

#### (一) 档案收集的重要性

档案收集是整个档案管理工作的起点,其重要性不言而喻。通过有效的档案收集,可以确保各类档案资源的齐全、完整和准确,从而为后续的档案整理、保管、利用和开发打下坚实的基础。

**1. 维护历史真实**

档案是历史的珍贵见证,它们记录了过去的事件、人物和社会状况,成为我们了解和认识历史的桥梁。通过收集、整理和保存档案,我们可以保留历史的真实面貌,避免其被遗忘或被误解。如果档案资料不齐全或者有所遗漏,我们无法全面、准确地了解历史,导致历史被扭曲或产生歧义。因此,档案的收集和保存对于维护历史的真实性和完整性至关重要。

**2. 保障合法权益**

许多档案涉及个人、组织或国家的合法权益,如合同、协议、凭证等,它们是证明权益的重要依据。如果这些档案没有得到妥善地收集和保存,就可能导致合法权益受到侵害。例如,如果一份证明个人权利的文件丢失或损坏,那么这个人可能会在法律纠纷中处于不利地位。因此,对于涉及权益的档案,必须采取有效的措施进行收集和保存,以确保其完整性和安全性。

**3. 促进知识传承**

档案中蕴含着丰富的知识和信息,这些知识和信息是人类文明和智慧的结晶。通过收集和整理档案,我们可以将这些知识和信息传承下去,为后人提供宝贵的经验和参考。这些经验和参考可以帮助后人更好地应对各种挑战和问题,推动社会的发展和进步。因此,档案的收集和整理工作具有深远的意义和价值。

**4. 支持决策参考**

对于组织或个人而言,档案中的信息不仅是历史的记录,更是决策的重要参考依据。在制定决策时,完整准确的档案资料能够为决策者提供全面、客观的信息,帮助他们更好地了解情况、分析问题,从而做出科学、合理的决策。因此,档案的收集和整理工作在决策过程中起着至关重要的作用。

**5. 提升管理效率**

通过收集整理档案,我们可以更好地对各类信息进行分类、归纳和总结。这一过程有助于我们发现信息的内在联系和规律,提高信息的使用价值。同时,整理后的档案资料更加规范、系统化,便于检索和利用,能够大幅提升管理效率和工作质量。因此,档案的整理工作对于提高组织或个人的工作效率和效果具有重要意义。

## (二)档案整理的重要性

档案整理作为档案管理流程中的关键环节,同样具有不可忽视的重要性。档案整理的目标是对收集来的档案资料进行有序化处理,使其更加规范、系统化,便于后续的保管、检索和利用。

**1. 提升检索效率**

经过整理的档案资料,其结构和内容都变得更加清晰、有序。这种有序化的整理使得档案资料更容易被检索和利用,用户可以快速定位到所需信息的位置,大大提高了检索效率。同时,整理后的档案资料在存储、保管和备份方面也更加规范,有助于保护档案的安全和完整性。因此,定期对档案进行整理是提高工作效率和保护档案资源的重要措施。

**2. 便于长期保存**

有序地整理使得档案资料在保存时更加规范,每份档案都被妥善安置在适当的档案盒或文件夹中,并按照一定的顺序排列。这种有序的保存方式有利于减少档案的损坏和丢失,从而延长档案的寿命。同时,定期对档案进行整理和检查,可以及时发现和修复损坏的档案,确保档案的完整性和可用性。因此,有序地整理对于保护档案资源、延长档案寿命具有重要意义。

**3. 促进信息开发与利用**

通过有序的整理,我们不仅可以更好地保存和利用现有的档案资料,还可以深入挖掘出档案中更深层次的知识和信息。整理过程中,我们可以对档案内容进行更细致的分析和研究,发现其中隐藏的规律和趋势。这些信息和知识可以进一步被开发、编研,形成更有价值的成果,为组织或个人的决策、研究、教学等工作提供有力支持。因此,整理工作不仅是对档案的简单整理,更是对知识和信息的深度开发和利用。

### 4. 优化档案管理流程

整理工作不仅仅是对档案的简单归类和整理,它更是一个发现问题、查漏补缺的过程。在整理过程中,我们可能会发现档案的缺失、损坏或者信息的不准确等问题。这些问题不仅影响了档案的完整性和准确性,还可能影响到档案的利用和决策的制定。因此,整理工作需要我们不断地发现问题、解决问题,推动档案管理流程的不断完善。通过持续的整理和改进,我们可以确保档案的完整性和准确性,提高档案的利用价值和管理效率。

### 5. 维护信息完整性与准确性

在整理档案资料的过程中,我们不仅可以对档案进行分类、归纳和总结,还可以对档案资料进行核对、筛选和补充。通过核对,我们可以确认档案信息的真实性和准确性,避免虚假或错误的档案信息被误用。通过筛选,我们可以去除无价值或重复的档案资料,保留最有价值的信息。如果发现有缺失或遗漏的档案资料,我们还可以及时进行补充和完善。这一系列的过程能够确保档案信息的完整性和准确性,提高档案的利用价值和可靠性。因此,整理工作是档案管理中非常重要的一环,它能够提升档案管理的质量和效率。

## 二、档案收集

### (一)档案收集的原则

#### 1. 全面性

档案的全面性原则在档案收集工作中占据着核心地位,它强调的是档案内容的完整性和覆盖面的广泛性。

全面性原则确保了档案内容的完整性。这意味着在收集档案时,不仅要关注主要或常见的信息,还要注意收集那些相对较少或容易被忽略的信息。这样的做法可以避免重要信息的遗漏,从而更好地维护历史的真实面貌。例如,在收集关于某一历史事件的档案时,不仅要收集官方的文件和资料,还要关注民间的记载和口述历史,以获得更为全面的视角。

全面性原则有助于保障合法权益。在许多情况下,档案是证明个人或组织权益的重要依据。如果档案收集不全面,可能会导致某些合法权益无法得到有效保障。例如,在劳动争议中,不完整的工资单或工作记录可能无法充分证明员工的权益。

全面性原则对于促进知识传承也是至关重要的。全面的档案收集能够提供更为丰富和多样的知识资源,帮助后人了解前人的智慧和经验。这不仅有助于避免知识的流失,还有助于推动社会的持续发展。

支持决策参考是全面性原则的一个重要体现。例如,在制定城市规划时,全面的历史地理档案可以帮助决策者更好地了解城市的历史变迁和发展趋势。

全面性原则有助于提升管理效率。通过全面的档案收集,组织可以更好地了解自身的运营状况和资源利用情况,从而优化管理流程和提高工作效率。例如,全面的设备维护记录可以帮助企业更好地预测设备故障和维护需求,提高生产效率。

**2. 真实性**

在档案管理工作中,真实性原则是至关重要的一环,它关乎档案的可靠性和价值。档案作为历史的记录,其真实可靠性对于维护历史的真实面貌、保障合法权益、促进知识传承以及支持决策参考等方面具有深远影响。

确保档案的真实性是维护历史真实面貌的基础。历史是由一系列事实和事件构成的,而档案作为历史的记录,应当准确地反映这些事实和事件。如果档案失真,那么历史的真相就会被扭曲或掩盖。因此,在收集档案时,必须严格把关,确保所收集的档案内容真实可靠。

保障档案的真实性是保障合法权益的必要条件。在许多情况下,档案作为法律证据或凭证,其真实性对于维护个人或组织的合法权益至关重要。如果档案失真,那么就可能导致合法权益受到侵害。因此,在收集档案时,应当采取必要的措施,确保档案的真实可靠性。

档案的真实性是促进知识传承的基石。只有真实的档案才能提供准确的知识和信息,帮助后人了解历史和前人的经验。如果档案失真,那么传承的知识和经验就会失去其价值,甚至可能误导后人。

档案的真实性对于支持决策参考至关重要。决策者需要准确的信息来做出科学合理的决策。失真的档案可能导致决策失误,给组织或个人带来不必要的损失。

为了确保档案的真实性,在收集档案时应当采取一系列措施。首先,应当制定严格的档案鉴定标准和方法,确保所收集的档案内容真实可靠。其次,应当加强档案的来源考证,确保档案的来源可靠。此外,还应当采取必要的措施,防止档案在收集和保管过程中被篡改或损坏。

### 3. 及时性

及时性是档案收集过程中的一个核心原则,它强调的是档案资料的新鲜性和时效性。这一原则在维护历史的真实面貌、保障合法权益、促进知识传承以及支持决策参考等方面都起着不可或缺的作用。

确保档案收集的及时性是维护历史真实面貌的必要条件。历史事件是不断发展和变化的,只有及时收集和保存相关档案资料,才能捕捉到历史的最新面貌。如果收集不及时,可能造成重要信息的遗漏或失真,导致历史记录的不完整和偏差。例如,对于突发事件或重大历史事件的档案收集,及时性尤为重要,因为这些事件的发展和演变速度很快,不及时收集可能会错失关键信息。

保障档案收集的及时性对于保障合法权益也具有重要意义。在许多情况下,档案是证明权益的重要依据。如果档案不及时收集和保存,可能会导致关键证据的丢失或损坏,从而影响个人或组织的合法权益。例如,涉及合同、协议、凭证等法律文件的档案,其及时收集和保存对于保障权益至关重要。

及时性原则在促进知识传承和支持决策参考方面也发挥着重要作用。随着时间的推移,许多有价值的信息可能会逐渐消失或被遗忘。及时收集和保存这些信息,可以避免知识的流失,为后人提供宝贵的知识资源。同时,对于决策者而言,最新的档案资料能够提供最新的事实和数据,帮助他们做出科学合理的决策。例如,对于市场趋势、经济数据等动态信息的档案收集,及时性尤为重要,因为它能够为决策者提供最新、最有价值的信息。

为了确保档案收集的及时性,可以采取一系列措施。首先,应当建立高效的档案收集机制,确保相关人员能够迅速响应并开展收集工作。其次,应当加强与相关部门的沟通和协作,确保信息传递的畅通和准确。此外,还应当定期开展档案收集工作的检查和评估,及时发现和解决存在的问题,提高档案收集的效率和质量。

## (二)档案收集的方法

### 1. 定期收集

定期收集档案的方法在档案管理中具有重要意义。这种方法有助于确保档案的完整性和时效性,从而更好地维护历史的真实面貌、保障合法权益、促进知识传承以及支持决策参考。

定期收集能够确保档案的完整性和系统性。在长期运营过程中,组织或个人会积累大量的档案资料。如果没有定期收集的习惯,可能会导致部分档案散失或遗漏。而定期收集则能够将各个时期产生的档案有计划地集中起来,形成完整的档案体系,方便后续的整理、保管和利用。

定期收集有助于提高档案的时效性。随着时间的推移,一些档案资料的价值可能会发生变化。例如,某些法律法规、政策文件等时效性较强的档案,需要及时更新和补充。通过定期收集,能够及时将最新的档案资料整合到系统中,确保其时效性和准确性。

此外,定期收集有利于提高档案的利用率。经过定期收集整理的档案资料,结构更加清晰、内容更加丰富。这为用户提供了更加全面、准确的信息资源,提高了档案的利用率。用户可以更加方便地检索和利用这些档案资料,从而更好地支持决策参考、知识传承等需求。

为了实现定期收集的目标,可以采取一系列措施。应当制订合理的收集计划,明确收集的时间、范围和标准等要求。此外,还应当建立有效的监督机制,对收集过程进行跟踪和评估,及时发现和解决存在的问题。

**2. 不定期收集**

不定期收集档案的方法在特定情况下具有其独特的应用价值。与定期收集不同,不定期收集是根据特定事件、活动或需求进行有针对性的档案收集。这种方法有助于弥补定期收集的不足,确保特定重要档案的及时收集和保存。

不定期收集能够及时捕捉和保存具有重要价值的档案资料。在某些突发事件或特定事件中,相关档案的时效性和重要性可能非常突出。此时,不定期收集可以迅速做出反应,将这部分档案资料优先收集和保存,防止其因时间推移或环境变化而散失。

不定期收集可以满足特定需求和专题研究的需要。在某些情况下,组织或个人可能对特定主题或领域的档案资料有迫切需求,例如,学术研究、历史调查等。通过不定期收集,可以更加灵活地针对这些特定需求进行有针对性的档案收集,确保相关资料的系统性和完整性。

然而,不定期收集也存在一些局限性。由于缺乏固定的收集计划和周期,可能导致部分日常档案的遗漏或散失。同时,由于不定期收集的针对性和灵活性较强,可能需要在收集过程中投入更多的时间和人力资源进行筛选、整理和分类等工作。

为了实现不定期收集的目标并克服其局限性,可以采取一些措施。首先,应当明确不定期收集的目的和范围,确保收集工作的针对性和有效性。其次,应当加强与相关部门和人员的沟通与协作,及时了解特定事件、活动或需求的进展情况,确保相关档案资料的及时获取。此外,还应当建立有效的整理和分类机制,对收集到的档案资料进行及时处理和归档,确保其完整性和可利用性。

### 3. 专项收集

专项收集作为档案收集的一种重要方法,具有特定的目的和范围,针对某一特定主题、活动或项目进行系统性的档案收集工作。通过专项收集,能够确保相关档案资料的完整性和准确性,为后续的档案利用和开发提供有力支持。

专项收集具有明确的目的性和针对性。在专项收集之前,通常会进行详细的需求分析和目标设定,明确收集的范围、重点和标准。这有助于确保收集到的档案资料与特定需求或项目紧密相关,提高档案的针对性和利用价值。

专项收集有助于确保档案的完整性和准确性。由于专项收集的目标明确,可以更加系统地梳理和查找相关档案资料,减少遗漏和错误的可能性。同时,通过专项收集还可以对相关档案资料进行深入的核实和鉴定,确保所收集档案的真实性和准确性。这为后续的档案利用和研究提供了更加可靠的基础。

此外,专项收集有利于提高档案管理的效率和质量。通过专项收集,可以将分散在不同部门或载体的相关档案资料进行集中整理和归档,形成完整的专题档案体系。这不仅方便了档案的保管和存储,还有利于提高档案管理的效率和质量。同时,专项收集还可以促进部门之间的协作与沟通,加强档案工作的合作与交流。

为了实现专项收集的目标,可以采取一系列措施。首先,应当进行充分的需求分析和目标设定,明确收集的目的、范围和重点。其次,应当制订详细的收集计划,包括时间安排、人员分工、工作流程等,确保收集工作的有序进行。此外,应当加强部门之间的沟通与协作,建立有效的信息共享和合作机制。同时,还应当重视档案的鉴定和整理工作,确保所收集档案的真实性和准确性。

## 三、档案整理

### (一)档案整理的原则

#### 1. 系统性

系统性是档案整理的重要原则之一,它要求在整理档案时遵循一定的逻辑和结构,确保档案资料的有序性和完整性。系统性原则的实践与应用有助于提高档案管理的效率和质量,方便后续的检索、利用和开发工作。

系统性原则要求在整理档案时采取统一的分类标准和方法。这意味着根据档案的内容、形式、时间等特征,采用合理的分类方式将档案归入相应的类别或体系中。通过统一的分类标准和方法,能够确保档案资料的分类科学、系统,形成层次分明、结构清晰的档案体系。这不仅有助于提高档案的检索效率,还有利于档案的长期保存和利用。

系统性原则要求在整理档案时注重档案之间的内在联系。档案资料之间往往存在着多种联系,如因果关系、时间顺序、所属关系等。在整理过程中,应当充分挖掘和梳理这些联系,通过合理的组织安排,将相关档案资料有机地整合在一起。这有助于凸显档案资料的整体性和连贯性,为后续的研究和分析提供更加全面和准确的信息。

此外,系统性原则还要求在整理档案时遵循完整性和真实性的原则。档案资料的完整性是确保其价值的重要前提,因此,在整理过程中应当尽可能地收集和保存档案的全部内容。同时,真实性也是档案整理的重要标准,整理后的档案应当真实反映历史事实和原始资料,避免信息失真或篡改。只有遵循完整性和真实性的原则,才能确保整理后的档案具有较高的可信度和利用价值。

### 2. 完整性

完整性原则有助于提高档案的利用价值和可信度,为后续的检索、利用和开发工作提供更加全面和准确的信息。

完整性原则要求在整理档案时尽可能地收集和保存档案的全部内容。档案的完整性直接关系到其价值和可信度,因此,在整理过程中应当全面梳理档案资料,确保无遗漏。这要求对档案进行全面的清点和检查,将缺失或遗漏的档案资料及时补充和完善。同时,对于无法获取的档案资料,也应当进行记录和说明,以保持档案的完整性。

完整性原则要求在整理档案时注重档案的形式和内容的完整性。除了确保档案资料的齐全外,还应当关注档案的形式和内容的完整性。这包括档案的外观、格式、文字、图像等各方面的完整性。在整理过程中,应当对破损或残缺的档案进行修复或复制,尽可能地还原档案的原始状态。同时,还应当对档案中的信息进行全面的收集和整理,避免信息的不完整或缺失。

此外,完整性原则还要求在整理档案时考虑档案的整体性和连贯性。档案资料之间往往存在着多种联系,这些联系构成了档案的整体性和连贯性。为了实现完整性原则的目标,可以采取一系列措施。首先,制订完善的档案收集计划,明确收集的范围、重点和标准,确保档案资料的全面收集。其次,加强与相关部门的沟通与协作,及时了解档案的缺失情况并采取相应的补充措施。此外,建立档案鉴定和审核机制,对收集到的档案资料进行全面检查和评估,确保其完整性和真实性。同时,加强档案管理人员的培训和教育,提高其对完整性原则的认识和理解,增强其责任心和职业素养。

### 3. 可追溯性

可追溯性是档案整理的重要原则之一,它要求在整理档案时确保档案资料的可追溯性,即能够清晰地追踪和追溯档案的历史、来源和流转过程。可追溯性原则的实践与应用有助于提高档案管理的透明度和可靠性,为后续的档案利用、鉴定和决策提供更加准确和可靠的信息。

可追溯性原则要求在整理档案时建立完整的档案来源体系。档案来源是指档案资料的产生、形成和流转过程,是档案鉴定、利用和开发的重要依据。在整理过程中,应当对每份档案进行详细的来源追溯,了解其产生、形成和流转过程,并记录在档案目录或元数据中。这有助于确保档案的真实性和可靠性,并为后续的档案鉴定和利用提供依据。

可追溯性原则要求在整理档案时建立清晰的档案流转体系。档案流转是指档案在各个管理环节之间的传递和移交过程,是档案管理的重要环节之一。在整理过程中,应当对每份档案的流转过程进行详细的记录和追踪,确保每份档案的流转过程清晰、可追溯。这有助于提高档案管理的透明度,防止档案丢失或被篡改,确保档案的安全和可靠性。

此外,可追溯性原则还要求在整理档案时建立完善的档案鉴定体系。档案鉴定是档案管理的重要环节之一,它决定了档案的保存价值和使用范围。在整理过程中,应当对每份档案进行详细的鉴定和评估,了解其内容、价值、真实性和可靠性等方面的信息。这有助于确保档案的真实性和可靠性,并为后续的档案利用和开发提供准确和可靠的信息。

为了实现可追溯性原则的目标,可以采取一系列措施。首先,建立完整的档案来源体系,对每份档案进行详细的来源追溯和记录。其次,建立清晰的档案流转体系,对每份档案的流转过程进行详细的记录和追踪。同时,建立完善的档案鉴定体系,对每份档案进行详细的鉴定和评估。

## (二)档案整理的方法

### 1. 分类整理

分类整理是档案整理的一种基本方法,其目的在于将杂乱无章的档案资料按照一定的标准和原则进行整理和归类,以便更好地保存、检索和使用。

分类整理能够提高档案管理的效率和效果。通过将档案资料按照一定的标准进行分类,可以使得档案管理更加有序和系统化,便于档案的存储、检索和使用。同时,分类整理还有助于提高档案管理的效率,减少人工成本和时间成本,使得档案管理工作更加高效和便捷。

分类整理有助于提高档案的完整性和准确性。在分类整理的过程中,需要对档案资料进行仔细的鉴别和筛选,确保档案的完整性和准确性。同时,分类整理还有助于发现和纠正档案中的错误和遗漏,提高档案的质量和可靠性。

此外,分类整理还有利于档案的长期保存和利用。通过分类整理,可以将档案资料按照一定的逻辑和结构进行组织,避免档案的混乱和损坏。同时,分类整理还有助于提高档案的利用价值,使得档案能够更好地服务于各种需求和目的。

为了实现分类整理的目标,可以采取一系列措施。首先,应当制定科学的分类标准和原则,确保分类的合理性和科学性。这需要根据档案的特点和使用需求来确定分类的标准和原则。其次,应当加强分类整理的规范化和标准化,确保分类的一致性和可操作性。同时,还需要加强档案管理人员的培训和教育,提高其分类整理的能力和水平。

**2. 组卷整理**

组卷整理是档案整理中的一种重要方法,它主要是根据档案的来源、内容、形式和时间等方面的特征,将相关的档案资料组合成一个完整的案卷。组卷整理有助于提高档案的完整性和系统性,方便档案的保管、检索和使用。

组卷整理能够确保档案的完整性和系统性。在组卷整理过程中,需要对档案资料进行全面的分析和鉴别,将相关的文件、资料、图片等进行系统性的归类和整合,形成一个完整的案卷。这样的整理方式能够保证档案的完整性,使得同一事件或主题的档案资料得以集中保管和利用。

组卷整理有助于提高档案管理的效率和质量。通过组卷整理,可以将不同来源、不同时间、不同形式的档案资料进行系统性的归类和整合,形成一个结构清晰、层次分明的档案管理体系。

此外,组卷整理还有利于档案的长期保存和利用。在组卷整理过程中,需要对档案资料进行筛选和鉴定,去除重复、无用和损坏的文件,保留具有保存价值的档案资料。这样的整理方式能够延长档案的保存时间,提高档案的利用价值。

为了实现组卷整理的目标,可以采取一系列措施。首先,应当制定科学的组卷标准和原则,确保组卷的合理性和科学性。这需要根据档案的特点和使用需求来确定组卷的标准和原则。其次,应当加强组卷整理的规范化和标准化,确保组卷的一致性和可操作性。

**3. 编目整理**

编目整理是档案整理中的一种重要方法,它主要是通过对档案进行详细的著录和标引,形成完整的目录体系,以便更好地检索、利用和开发档案资源。

编目整理能够提高档案的检索效率和准确性。通过编目整理,将档案的内容、形式、时间等特征进行详细的著录和标引,形成完整的目录信息。这样,用户可以通过目录信息快速地找到所需的档案资料,提高检索效率和准确性。

编目整理有助于提高档案的利用价值。通过编目整理,将分散的档案资料进行系统的组织和整合,形成完整的目录体系。这样的整理方式能够更好地揭示档案的内容和价值,为各种研究和开发工作提供更加全面和准确的信息。

此外,编目整理还有利于档案的长期保存和保护。在编目整理过程中,需要对档案进行全面的检查和鉴定,发现和纠正档案中的错误和遗漏。同时,编目整理还有助于发现损坏和残缺的档案,及时进行修复和保护,延长档案的保存时间。

为了实现编目整理的目标,可以采取一系列措施。首先,应当制定科学的编目标准和规范,确保目录信息的完整性和准确性。其次,应当加强编目整理的自动化和数字化建设,提高编目效率和准确性。

# 第二节　档案鉴定与销毁策略

## 一、档案鉴定与销毁概述

### (一)档案鉴定的概念与意义

档案鉴定是指对档案的价值进行评估和确定,以及根据评估结果对档案进行分类、整理、保存或销毁的一系列活动。这一过程涉及对档案的来源、内容、形式、完整性、真实性以及历史、文化和科学价值的评估。档案鉴定的概念源于档案管理的核心需求,即对海量档案进行筛选、分类、编目和整理,以便长期保存和提供利用。鉴定是这一过程中的关键环节,决定了档案的命运:是进入档案库长期保存,还是被销毁,或者是进行数字化、网络化等形式的传播。

**1. 档案价值认知**

鉴定过程实际上是对档案价值的认知过程。通过对档案的内容、形式、历史背景等方面的分析,可以深入了解档案的历史、文化和科学价值,从而为后续的保存、利用和研究提供基础。

**2. 优化档案管理**

通过鉴定,可以明确各类档案的价值和保管期限,从而有针对性地进行分类、编目和整理。这不仅提高了档案管理的效率,也确保了珍贵档案的长期保存。

**3. 决策支持**

对于企事业单位和政府机构而言,档案鉴定是决策的重要依据。例如,通过对历史档案的分析,可以为组织的发展战略、政策制定等提供历史借鉴和决策支持。

**4. 促进档案利用**

经过鉴定后的档案,其价值和重要性得以明确。这不仅提高了档案的利用率,还使得档案的利用更具针对性和有效性。例如,对于具有重要历史价值的档案,可以通过数字化、展览等形式进行传播和利用。

**5. 确保信息安全**

在鉴定过程中,可以对损坏或存在安全隐患的档案进行修复或处理,从而确保档案的完整性和安全性。

### (二)档案销毁的概念与目的

档案销毁是指将失去保存价值或达到保管期限的档案进行物理或化学处理,使其彻底损毁,无法再利用的过程。这一过程涉及对档案的鉴别、选择、处理和监管等多个环节。

档案销毁的目的:

**1. 优化档案管理**

随着时间的推移,档案的数量和种类不断增加,其中一些档案可能失去了保存价值或已达到保管期限。对这些档案进行销毁,可以减少档案库房的占用,降低管理成本,提高管理效率。

**2. 保护信息安全**

对于一些涉及个人隐私、商业机密或国家安全的档案,如果长期保存或管理不善,可能会造成信息泄露或被非法利用。通过档案销毁,可以彻底消除这种风险,保护信息安全。

**3. 促进资源循环利用**

对于可回收再利用的档案材料,如纸张、塑料等,销毁过程可以将其回收再利用,减少资源浪费,促进可持续发展。

**4. 遵循法规政策**

在一些国家和地区,对于个人隐私、商业机密等敏感信息的保护有严格的法律法规要求。及时销毁相关档案,可以避免违反法律法规的风险。

**5. 预防档案损坏**

对于一些已经受损或存在安全隐患的档案,及时进行销毁可以避免档案进一步损坏或造成其他损失。

## 二、档案鉴定策略

### (一)档案鉴定原则

档案鉴定是档案管理中的一项核心任务,其主要目标是确定档案的价值和保管期限,并据此决定档案的保存或销毁。在这一过程中,档案鉴定原则为鉴定工作提供了重要的指导和规范。

档案鉴定原则是鉴定人员在鉴定过程中需要遵循的基本准则,它反映了档案鉴定工作的基本规律和特点,为确保鉴定结果的客观性、公正性和准确性提供了保障。

**1. 全面性原则**

这一原则要求鉴定人员在评估档案价值时要全面考虑档案的历史、文化、科学和现实价值,避免片面地以某一方面作为评估标准。全面性原则有助于确保档案的完整性,避免重要信息的遗漏。

**2. 历史性原则**

历史性原则强调在鉴定过程中要尊重档案的历史背景和原始属性,避免过多地用现代观点来评判档案价值。这一原则有助于维护档案的历史真实性和原始面貌。

**3. 实用性原则**

实用性原则要求鉴定人员在评估档案价值时,要考虑档案的利用价值和实用性,即档案能否为现实生活、学术研究、决策等提供支持和依据。这一原则有助于提高档案的利用率,实现档案的内在价值。

**4. 公正性原则**

公正性原则要求鉴定人员在评估档案价值时要保持客观、中立的立场,不受个人情感、利益关系等因素的影响。这一原则有助于确保鉴定结果的客观性和公正性。

**5. 法律性原则**

法律性原则要求鉴定人员在评估档案价值时要遵守相关法律法规和政策

规定,确保档案内容合法合规。这一原则有助于维护法律的权威性和保护相关权益。

在实际的档案鉴定工作中,以上几个原则并非孤立存在,而是相互联系、相互影响的。鉴定人员需要综合考虑这些原则,根据实际情况灵活运用,以确保鉴定结果的准确性和可靠性。

### (二)档案鉴定标准

档案鉴定标准是档案鉴定工作的重要依据,它为鉴定人员提供了具体的评估指标和操作规范,以确保鉴定结果的准确性和可靠性。鉴定标准通常包括档案的内容、形式、历史背景、法律属性等方面的评估标准。

**1. 内容标准**

内容标准是鉴定档案价值的核心标准,主要关注档案所记录的信息内容。内容标准的评估通常包括档案信息的真实性、完整性、重要性以及是否具有历史、文化和科学价值等方面。鉴定人员需要仔细分析档案的内容,了解其主题、来源、创作背景等,以全面评估档案的价值。

**2. 形式标准**

形式标准主要关注档案的物理属性和形式特征,如载体、书写材料、制作工艺等。对于某些特殊类型的档案,如手稿、古代文献等,形式标准尤为重要。鉴定人员需要了解不同载体和材料的特点和保存要求,以确保档案的长期保存。

**3. 历史背景标准**

历史背景标准主要关注档案产生的历史背景和社会环境。鉴定人员需要了解档案产生的历史时期、事件和人物背景,分析档案在当时的历史情境中的意义和价值。这一标准的评估有助于深入挖掘档案的历史价值。

**4. 法律属性标准**

法律属性标准主要关注档案是否具有法律效应和权益归属。鉴定人员需要了解相关法律法规和政策规定,评估档案的法律价值和权益归属,以确定档案的保管和使用权限。

**5. 保管期限标准**

保管期限标准是根据档案的价值和重要性,确定档案的保管期限。鉴定人员需要根据档案的历史、文化和科学价值,以及利用需求等因素,合理确定档案的保管期限,并定期进行复审和调整。

在实际的档案鉴定工作中,鉴定人员需要根据具体情况灵活运用以上标准,综合评估档案的价值。同时,还需要建立科学合理的鉴定程序和流程,加强鉴定人员的专业培训和教育,促进鉴定技术的创新和发展。

## (三)档案鉴定方法

档案鉴定方法是指在进行档案鉴定时所采用的方式和手段。鉴定方法的选用对于确保档案鉴定的准确性和可靠性具有重要意义。

### 1. 文献分析法

通过对档案的内容、形式、语言特征、书写材料等方面进行分析,了解档案的来源、时代背景、价值等方面的信息,进而对档案进行分类、排序和评估价值。这种方法主要依据文献的内容和形式进行判断,适用于大多数档案的鉴定工作。

### 2. 比较法

通过比较同类档案或相似内容的档案,确定其价值、特点、差异和重要性。这种方法有助于发现档案之间的联系和区别,为鉴定提供更多参考信息。

### 3. 专家鉴定法

邀请相关领域的专家对档案进行评估和鉴定,基于专家的专业知识和经验,对档案的价值和重要性进行判断。这种方法适用于涉及专业领域或复杂问题的档案鉴定。

### 4. 实证调查法

通过实地考察、访谈、调查等方式,了解档案的来源、流传过程、利用情况等信息,从而对档案的价值进行评估。这种方法有助于获取一手资料,对于某些特定类型的档案鉴定具有重要意义。

### 5. 技术鉴定法

利用现代技术手段对档案进行鉴定,如采用纸张分析、墨迹分析、数字图像分析等技术,对档案的载体、制作工艺、真伪等方面进行检测和分析。这种方法在技术上要求较高,适用于某些特殊类型的档案鉴定。

## (四)档案鉴定程序

档案鉴定程序是指进行档案鉴定时所遵循的一系列步骤和流程,以确保鉴定工作的规范化和科学性。

### 1. 明确鉴定目标和任务

在开始鉴定工作之前,需要明确鉴定的目的和任务,确定需要鉴定的档案范围、要求和重点。这有助于确保鉴定工作的针对性和有效性。

### 2. 初步筛选和分类

对档案进行初步筛选，剔除无价值或重复的档案。同时，根据档案的内容、形式和特点进行分类，以便于后续的鉴定和整理。

### 3. 详细审查和评估

对筛选后需要鉴定的档案进行详细审查和评估，包括内容、历史背景、形式、法律属性等方面的评估。同时，考虑档案的保存价值和保管期限，以便作出相应的处理决策。

### 4. 比较和综合分析

对于难以确定价值的档案，可以通过比较同类档案或相似内容的档案，进行综合分析，以确定其价值。同时，可以参考专家的意见和建议，提高鉴定的准确性和可靠性。

### 5. 制定处理方案

根据鉴定结果，制定相应的处理方案。对于有价值的档案，需要进行妥善保存；对于无价值或已达到保管期限的档案，可以进行销毁或数字化处理。同时，需要制订具体的处理计划和操作步骤。

### 6. 实施处理方案

按照处理方案对档案进行相应的处理。对于需要销毁的档案，需要进行安全可靠的销毁工作；对于需要数字化的档案，需要进行数字化扫描和处理。同时，需要注意处理过程中的安全和保密问题。

### 7. 总结和反馈

完成鉴定工作后，需要对鉴定结果进行总结和分析，形成相应的报告和建议。同时，需要关注鉴定工作的反馈和改进，不断完善和优化鉴定程序和方法。

## （五）档案价值评估

档案鉴定策略和档案价值评估在档案管理工作中具有密切的联系。鉴定策略为价值评估提供了指导和框架，而价值评估则是鉴定策略的核心内容。

档案鉴定策略是档案鉴定工作的总体规划和实施方案，它确定了鉴定的目标、原则、方法和程序。鉴定策略的制定需要考虑诸多因素，如，档案的类型、来源、内容和形式等，以及组织的特定需求和资源限制。有效的鉴定策略能够确保鉴定工作的效率和质量，从而更好地实现档案的保存、利用和传播价值。

档案价值评估是鉴定策略中的关键环节,它涉及对档案的内在价值和外在价值的综合评估。内在价值主要指档案的内容价值,包括其历史、文化、科学和社会价值等;外在价值则涉及档案的保管条件、利用需求和保存环境等。在进行价值评估时,需要采用科学的方法和标准,如内容分析、比较法、专家评估等,以确保评估的准确性和可靠性。

在档案鉴定策略中,价值评估起着至关重要的作用。一方面,价值评估的结果是制定鉴定策略的重要依据。根据价值评估的结果,可以确定哪些档案具有重要价值需要长期保存,哪些档案可以短期保存或进行数字化处理,从而制定相应的鉴定策略。另一方面,价值评估也是实施鉴定策略的基础。通过对档案的价值进行评估,可以确定档案的保管期限、处理方式和管理要求等,从而指导后续的档案管理工作。

## 三、档案销毁策略

### (一)档案销毁原则

档案销毁原则是指在进行档案销毁时必须遵循的一系列准则,以确保销毁工作的合法、安全、彻底和有效等。

**1. 合法性原则**

档案销毁必须符合相关法律法规和政策要求,确保销毁工作不违反任何法律义务。组织需要了解和遵守相关规定,确保销毁工作在法律允许的范围内进行。

**2. 安全性原则**

档案销毁必须确保人员安全、环境安全和数据安全。选择合适的销毁方法和设备,采取必要的安全措施,以防止在销毁过程中发生意外事故或信息泄露。

**3. 彻底性原则**

档案销毁应确保档案信息彻底损毁,无法再被恢复或重建。采用有效的销毁技术,确保档案载体和存储介质被彻底破坏,无法再读取或恢复数据。

**4. 有效性原则**

档案销毁必须确保实际效果和预期目标一致。选择可靠的销毁方法和设备,定期对销毁工作进行评估和验证,以确保销毁的有效性。

**5. 可追溯性原则**

档案销毁应记录详细的过程和结果,以便进行审计和追溯。建立完善的记录管理制度,确保销毁过程可追溯、可查询,以便在需要时进行核实和证明。

**6. 保密性原则**

对于涉及敏感信息的档案,销毁工作需要严格遵守保密要求,采取必要的保密措施,确保信息不泄露给未经授权的人员。

**7. 环境保护原则**

在选择档案销毁方式时,应优先考虑环保因素,选择对环境友好的销毁方法和设备,减少对环境的负面影响。

这些原则相互关联,共同构成了档案销毁工作的基本准则。在实际的档案销毁工作中,组织需要遵循这些原则,制定科学合理的销毁方案,并确保在实际操作中严格遵守方案和原则。同时,还需要加强人员培训和管理,增强销毁工作的安全意识和专业水平。通过遵循档案销毁原则,可以确保档案的真实、完整和安全,防止信息泄露和非法利用,保护组织的合法权益和社会公共利益。

## (二)档案销毁方式

档案销毁方式是指在进行档案销毁时所采用的方法和手段。选择合适的销毁方式对于确保档案的安全、彻底损毁以及防止信息泄露至关重要。

**1. 物理销毁**

通过机械或物理手段将档案彻底破坏,使其无法再被利用或恢复。例如,碎纸机、焚烧、熔炼等。这种方式的优点是彻底性和安全性较高,适用于大量档案的销毁。但需要注意,碎纸机可能无法彻底破坏某些特殊材料制成的档案,而焚烧和熔炼则可能产生有害气体和残留物,需要在特定场所进行并采取相应的环保措施。

**2. 化学分解**

利用化学试剂或方法将档案分解成无害物质。例如,酸碱分解、氧化还原反应等。这种方式的优点是对环境友好,适用于易腐蚀或不易燃烧的档案材料。但需要注意,某些化学物质可能对人体有害,需要在通风橱中进行操作并佩戴个人防护装备。

**3. 数据删除**

通过软件或硬件手段将档案存储介质上的数据彻底删除,使其无法再被读取或恢复。这种方式的优点是操作简便、成本低廉,适用于电子档案的销毁。但需要注意,数据删除并非绝对安全,专业的数据恢复工具可能仍能恢复部分或全部数据。因此,对于高度敏感的电子档案,物理销毁可能是更可靠的方式。

### 4. 密闭封存

将档案存放在指定的安全场所,限制人员和物品的进出,使其不再被利用或访问。这种方式的优点是操作简便、成本低廉,适用于需要长期封存的档案。但需要注意,密闭封存并非永久性的解决方案,长期保存可能会导致档案老化、损坏或失去价值。因此,在适当的时候仍需考虑其他销毁方式。

在选择档案销毁方式时,组织需要考虑档案的类型、数量、价值、保密级别等因素,以及资源限制和环境要求等外部因素。同时,还需要遵循相关的法律法规和政策要求,确保销毁工作的合法性和规范性。此外,为确保销毁工作的安全和有效性,建议在实际操作前进行必要的试验或模拟,以确保所选方式能够达到预期的销毁效果。

## (三) 档案销毁程序

档案销毁程序是指在进行档案销毁时所遵循的一系列步骤和流程。这些程序旨在确保销毁工作的合法、安全、有效和可追溯,防止档案的非法利用和信息泄露。

### 1. 确定销毁范围

需要明确销毁的档案范围。这包括确定档案的保管期限、保密级别、内容价值等因素,并根据相关法律法规和组织规定确定销毁范围。

### 2. 制订销毁计划

根据销毁范围,制订详细的销毁计划。计划应包括销毁方式、时间、人员、设备、安全措施等要素,确保销毁工作能够顺利进行。

### 3. 审批销毁计划

销毁计划需要经过相关负责人或管理机构的审批,以确保销毁工作的合法性和合规性。

### 4. 执行销毁工作

按照审批后的销毁计划进行档案销毁工作。在销毁过程中,应遵循相关法律法规和政策要求,确保人员安全、数据安全和环境安全。同时,应详细记录销毁过程,包括销毁时间、人员、方式、数量等要素。

**5. 验证销毁效果**

在销毁工作完成后,应对销毁效果进行验证和确认。可以采用抽查或全面检查的方式,确保档案信息已被彻底损毁,无法再被恢复或利用。

**6. 处理残留物**

对于销毁后的残留物,应按照相关规定进行妥善处理。对于可回收的物质,可以进行回收利用;对于有害物质,应进行环保处理或专业处置。

**7. 归档销毁记录**

将销毁过程中的记录和验证结果进行归档保存,以便进行审计和追溯。这些记录应包括销毁计划、销毁过程、验证结果等内容。

**8. 定期审查和更新程序**

档案销毁程序应定期进行审查和更新,以确保其与法律法规和组织规定的相符合。同时,应根据实际情况的变化和新的技术发展,不断优化和完善档案销毁程序。同时,这些程序也有助于提高档案管理工作的规范性和效率,提升组织的管理水平。

## (四)档案销毁注意事项

档案销毁是一项至关重要的任务,需要谨慎处理以确保档案的真实、完整和安全。

**1. 法律合规性**

组织应了解和遵守相关法律法规,如《档案法》《保密法》等,确保销毁工作合法进行。同时,要关注当地的具体规定和要求,确保与地方性法规保持一致。

**2. 彻底销毁**

销毁工作必须彻底,确保档案信息无法再被恢复或利用。应选择可靠的销毁方式,如物理破碎、化学分解等,确保档案载体被彻底破坏。同时,要关注销毁设备的可靠性和有效性,定期进行维护和校准,确保销毁效果达到预期目标。

**3. 安全防护**

在销毁过程中,应采取必要的安全防护措施,防止档案被非法获取或篡改。要确保销毁场所的安全性,限制人员和物品的进出,采取技术手段防止信息泄露。对于涉及敏感信息的档案,应采取额外的安全措施,如加密、身份验证等,确保信息的安全性。

### 4. 记录管理

建立完善的记录管理制度,对销毁过程进行详细记录。这些记录应包括销毁时间、人员、方式、数量等要素,并妥善保存以备审计和追溯。通过记录管理,可以确保销毁工作的可追溯性和透明性,有助于防止不当操作和潜在风险。

### 5. 环保意识

在选择档案销毁方式时,应考虑环保因素。例如,优先选择可回收的销毁方式或使用环保的化学试剂。同时,应关注销毁残留物的处理问题,确保残留物得到妥善处理,避免对环境造成不良影响。

### 6. 人员培训

参与档案销毁的人员必须经过严格筛选和培训。他们应了解相关法律法规、政策要求以及安全防护措施等知识,并熟练掌握销毁设备和操作流程。通过人员培训和管理,可以提高销毁工作的规范性和效率,降低操作风险。

### 7. 定期审查与更新

定期审查档案销毁程序和制度,并根据实际情况的变化和新的技术发展进行更新和完善。这有助于确保销毁工作的持续合规性和有效性,提高档案管理工作的整体水平。

这些注意事项相互关联,共同构成了档案销毁工作的核心要素。在实际的档案销毁工作中,组织需要全面考虑这些注意事项,制定科学合理的销毁方案并严格遵守。

## (五)档案销毁责任与监管

档案销毁责任与监管是确保档案安全、合规销毁的重要环节。

### 1. 责任主体

确定档案销毁的责任主体至关重要。组织应明确指定一个或多个负责档案销毁的机构或个人,确保他们具备足够的权威、资源和能力来履行销毁责任。这些责任主体应承担起制订销毁计划、组织实施销毁工作、监督执行情况等职责,并确保销毁工作符合相关法律法规和政策要求。

### 2. 责任范围

明确档案销毁责任的范围是关键。责任主体应负责制定合理的销毁方案,包括销毁方式、时间、人员、设备等要素,确保方案的科学性和可行性。同时,责任主体需要承担起档案销毁工作的监管职责,确保销毁过程符合既定方案和规范要求,防止不当操作和潜在风险。

### 3. 监管机制

建立健全的监管机制是档案销毁工作的重要保障。组织应设立独立的监管机构或指定专门的监管人员,负责对档案销毁工作的全过程进行监管。监管内容应包括销毁计划、实施过程、效果验证等方面,以确保整个销毁工作合规、有效进行。同时,监管机构或人员应具备相应的专业知识和权威性,能够及时发现并纠正问题。

### 4. 合规性审查

在档案销毁工作中,定期或不定期地进行合规性审查至关重要。这些审查应重点检查销毁工作是否符合相关法律法规、政策要求和内部规章制度,是否遵循既定的销毁方案和安全防护措施。通过合规性审查,可以及时发现并纠正销毁工作中的不合规行为,确保工作的合法性和规范性。

### 5. 责任追究与奖惩机制

为提高档案销毁工作的执行效果,组织应建立责任追究与奖惩机制。对于在档案销毁工作中存在失职、违规行为的人员,应进行相应的责任追究,如警告、处分等。同时,对于表现优秀、履行职责良好的人员,应给予适当的奖励和表彰,以激励他们继续保持良好的工作表现。

通过明确档案销毁的责任主体、范围和监管机制,以及实施合规性审查和责任追究与奖惩机制,组织可以确保档案销毁工作的顺利进行,提高档案管理工作的规范性和有效性。这有助于保护组织的合法权益和社会公共利益,降低潜在风险和不良影响。

## 第三节　档案库房管理与安全防护

### 一、档案库房管理

#### (一)档案库房的选址与建设

#### 1. 选址原则

档案库房的选址是档案管理中的重要环节,其选址原则关乎档案的安全、完整与长期保存。在具体选址过程中,应综合考虑安全因素、交通便利性、环境适应性、基础设施完善性和经济性等。同时,应根据实际情况制定详细的评估指标体系,进行科学合理的评估和决策。

（1）安全因素

档案库房作为存储档案的重要场所,其首要任务是确保档案的安全。在选址过程中,应优先考虑安全因素,选择地势较高、不易受水灾、地震等自然灾害影响的区域。同时,要远离易燃、易爆、污染等危险源,确保档案库房的绝对安全。

（2）交通便利性

档案库房的选址应便于档案的运输、调配和管理。因此,交通便利性是选址时的重要考虑因素。选择靠近城市主干道、高速公路或交通枢纽附近的区域,可以降低运输成本,提高档案调配的效率。

（3）环境适应性

档案库房的环境适应性关乎档案的保存质量。在选址过程中,应充分考虑当地的气候、温湿度、光照等环境因素。例如,避免选择在潮湿、高温或光照强烈的地方,以防止档案的损坏。同时,要考虑当地的气候变化和自然灾害情况,确保档案库房的长期稳定运行。

（4）基础设施完善性

档案库房需要稳定的水、电、气等基础设施供应,以确保档案保存环境的稳定。在选址过程中,应选择基础设施完善、供电稳定、供水可靠、通信畅通的区域,以满足档案库房的日常运营需求。

（5）经济性

除了以上因素外,经济性也是选址时的重要考虑因素之一。在确保档案安全与保存质量的前提下,应选择成本较低的地区或场所作为档案库房,以降低运营成本。同时,要考虑当地的地价、租金等经济因素,确保档案库房的经济可持续性。

**2. 建设要求**

档案库房的建设要求是确保档案安全、长期保存的关键要素。档案库房的建设要求主要包括防火、防水防潮、防鼠防虫、抗震、隔热防紫外线和智能化管理等。在建设过程中,应综合考虑这些要求,确保档案库房的安全、稳定和高效运行。同时,要不断改进和完善档案库房的建设标准和管理制度,提高档案保存的质量和效益。

（1）防火设计

档案库房应具备严格的防火措施,以防止火灾对档案的损毁。在建筑结构上,应采用不燃或难燃材料,并对易燃物品进行隔离存放。同时,要配备自动灭火系统和火灾报警系统,确保在火灾发生时能够及时发现并控制火势。

（2）防水防潮

档案库房应具备防水、防潮功能,以防止档案受潮、霉变等损害。在建筑结构上,应设置防潮层,并保持库房干燥。同时,地面可采用防潮材料,以阻隔水分渗透。另外,要做好排水系统,防止积水对库房造成损害。

（3）防鼠防虫

档案库房应具备防鼠、防虫措施,以防止鼠虫对档案的破坏。在库房周围应设置防鼠设施,如防鼠板、灭鼠器等。同时,要做好防虫工作,定期进行灭虫处理,并保持库房清洁卫生。

（4）抗震设计

档案库房应具备抗震能力,以应对地震等自然灾害。在建筑结构上,应采用抗震材料和构造措施,提高库房的抗震性能。同时,要制定应急预案,确保在地震发生时能够及时应对,降低档案损失。

（5）隔热防紫外线

档案库房应具备隔热、防紫外线功能,以降低室内温度、减少紫外线对档案的损害。在建筑外墙和窗户上可采用隔热材料和遮阳设施,以阻隔外界热量和紫外线的进入。同时,可采用空调系统进行室内温度调节,保持适宜的保存环境。

（6）智能化管理

档案库房应配备智能化管理系统,以提高管理效率、降低人工成本。智能化管理系统可实现档案的自动编目、检索、借阅、盘点等功能,并可对库房环境进行实时监测和控制。通过智能化管理,可以确保档案的准确性和完整性,提高档案管理水平。

## 二、档案库房安全防护

### （一）安全管理制度

#### 1.人员出入管理

档案库房的人员出入管理是确保档案安全的重要环节。档案库房的人员出入管理涉及多个方面,需要采取综合措施进行管理和控制。

（1）人员出入管理的必要性

档案库房作为存储档案的重要场所,其安全至关重要。人员出入管理是保障档案库房安全的关键措施之一。通过对人员的有效管理,可以防止未经授权的人员进入档案库房,从而降低档案被盗窃、损坏等风险。

（2）人员出入管理原则

身份识别:确保进入档案库房的人员身份得到有效识别。采用身份证、工作证等证件进行身份验证,防止非法人员进入。

授权管理:对进入档案库房的人员进行授权管理,只有经过授权的人员才能进入库房。授权应根据人员的职责、工作任务等进行合理分配。

登记记录:对进入档案库房的人员进行登记记录,包括人员姓名、进出时间、事由等,以便追溯和管理。

(3)人员出入管理措施

出入控制:设置门禁系统或安排保安人员对进出档案库房的人员进行控制和管理。确保只有经过授权的人员能够进入库房。

监控监测:安装监控摄像头和报警系统,对档案库房的出入情况进行实时监测和记录。一旦发现异常情况,及时报警并采取相应措施。

定期巡查:安排专人对档案库房进行定期巡查,检查库房门窗、设备等是否完好,并记录巡查情况。

人员培训:对档案库房管理人员进行培训,增强其安全意识和管理能力。使其能够严格执行人员出入管理制度,确保档案的安全。

**2. 物品出入管理**

档案库房的物品出入管理涉及审批、登记、监控等多个方面。需要采取综合措施进行管理和控制。通过合理的物品出入管理制度和措施,可以降低档案库房的安全风险,确保档案的安全、完整和长期保存。

(1)物品出入管理的必要性

档案库房存储着大量的档案资料,其价值不可估量。物品出入管理旨在规范档案库房物品的进出,防止档案被非法携带、流失,确保档案的安全与完整。

(2)物品出入管理原则

审批原则:所有物品出入档案库房,必须经过严格的审批程序,确保物品出入的合法性与合规性。

登记原则:所有物品出入档案库房,应进行详细登记,记录物品名称、数量、价值、出入时间等信息,确保可追溯性。

监控原则:物品出入管理过程应受到监控,确保管理流程的透明度与公正性。

(3)物品出入管理措施

审批制度:建立严格的审批制度,明确审批流程与责任人。对于重要、高价值的物品,需要经过多级审批,确保审批过程的严谨性。

登记制度:制定详细的登记制度,要求管理人员对物品出入进行详细登记。同时,定期进行核查,确保登记信息的准确性。

监控系统:在档案库房进出口安装监控设备,对物品出入进行实时监控。确保监控视频资料的保存完整,以便后续核查。

安全检查:对物品进行安全检查,防止夹带、偷盗等行为。对重要、高价值的物品,可采用专业的安全检查设备进行检查。

### (二)物理安全防护

**1. 门禁系统**

档案库房门禁系统是确保档案安全的重要技术手段之一。档案库房存储着大量的珍贵档案资料,其安全至关重要。门禁系统作为一种有效的出入控制手段,能够防止未经授权的人员进入档案库房,从而降低档案被盗窃、损坏等风险。

(1)门禁系统的功能与特点

身份识别:门禁系统具备身份识别功能,通过刷卡、指纹、面部识别等技术手段对进出人员进行身份验证,确保只有经过授权的人员能够进入档案库房。

权限管理:系统可根据人员的职责、工作任务等设置不同的访问权限,对不同区域进行分级管理。例如,某些重要区域可能只有特定人员才能进入。

记录与追溯:门禁系统能够记录人员的进出时间、地点等信息,为事后追溯提供依据。一旦发生异常情况,可迅速查明原因。

报警功能:当未经授权的人员试图进入档案库房或出现异常情况时,门禁系统能够及时发出报警信号,提醒管理人员采取相应措施。

联动功能:门禁系统可与其他安防设备(如监控摄像头、报警系统等)进行联动,实现全方位的安全监控与防范。

(2)门禁系统的优势与局限性

优势:门禁系统具有较高的安全性,能够有效地防止未经授权的人员进入档案库房;同时,系统自动化程度高,可减少人工干预和漏检的可能性;此外,记录和追溯功能有助于提高管理效率和事件处理能力。

局限性:门禁系统可能存在一定的成本和技术门槛;此外,对于某些特殊情况(如紧急疏散、意外故障等),门禁系统可能需要进行特殊处理或调整。

**2. 监控系统**

(1)监控系统的功能与特点

视频监控:通过安装摄像头,对档案库房进行实时视频监控,记录档案的保存状态和库房内的活动情况。

环境监测:监控系统可对库房内的温湿度、光照、空气质量等环境因素进行实时监测,确保档案保存环境适宜。

异常报警:当监控系统检测到异常情况,如温度过高、湿度过低、入侵者等,能够及时发出报警信号,提醒管理人员采取措施。

录像与回放:监控系统可将监测到的视频信息进行录像,以便后续查看和分析。管理人员可通过回放录像,了解档案的保存情况和库房内的活动记录。

远程管理:通过互联网或局域网,管理人员可以在远程对监控系统进行访问和控制,方便随时随地了解档案库房的状态。

(2)监控系统的优势与局限性

优势:监控系统能够实时监测档案库房的环境状况和人员活动,及时发现异常情况并采取相应措施;同时,录像和远程访问功能有助于提高管理效率和事件处理能力;此外,通过视频监控和环境监测的结合,能够更加全面地保障档案的安全与完整。

局限性:监控系统可能存在一定的成本和技术门槛;同时,对于某些特殊情况(如电源故障、网络中断等),可能需要对监控系统进行特殊处理或调整;此外,对于大量数据的存储和处理可能存在一定的挑战。

### 3. 报警系统

报警系统作为一种有效的安全防范手段,能够在发生异常情况时及时发出警报,提醒管理人员迅速采取应对措施,有效降低档案丢失、损坏等风险。

(1)报警系统的功能与特点

探测功能:报警系统具备多种探测方式,如红外探测、微波探测、压力感应等,能够检测到入侵者、火灾、水浸等异常情况。

实时报警:一旦探测到异常情况,系统应立即启动报警程序,发出声、光、震动等警报信号,同时可联动监控系统进行实时录像。

远程通知:报警系统可通过电话、短信、邮件等方式将警报信息发送给相关管理人员,以便迅速采取行动。

事件记录与追溯:系统应对发生的报警事件进行记录,包括时间、地点、报警类型等信息,为后续的追溯和调查提供依据。

系统自检与故障诊断:为了确保报警系统的可靠性和稳定性,系统应具备自检功能,能够检测自身运行状态和故障,并及时进行故障提示和处理。

(2)报警系统的优势与局限性

优势:报警系统能够及时发现异常情况并发出警报,提醒管理人员迅速采取应对措施;同时,远程通知功能有助于实现快速响应和协同处理;此外,事件记录与追溯功能为后续处理和改进提供数据支持。

局限性:报警系统可能存在误报和漏报的情况;对于复杂的多因素异常情况可能难以准确判断;此外,对于不同种类的档案库房(如大型档案馆、企事业单位档案室等),可能需要定制化的报警解决方案。

### （三）消防安全防护

#### 1. 灭火设备

档案库房灭火设备是用于应对火灾事故的重要安全设施之一。档案库房存储着大量的珍贵档案资料，一旦发生火灾，后果不堪设想。灭火设备能够在火灾初期及时扑灭火灾，最大程度地减少档案的损失和保护库房的结构安全。

（1）灭火设备的种类与特点

干粉灭火器：干粉灭火器主要通过干粉灭火剂瞬间释放大量的非活性气体来抑制火焰燃烧。它适用于扑灭固态物质、液体和气体火灾以及电气设备火灾。

气体灭火器：气体灭火器主要通过释放大量的惰性气体或化学气体，如，二氧化碳或氟代烃，来稀释空气中的氧气或化学反应剂，从而抑制火焰燃烧。它适用于关闭的环境，如，服务器房间、电子设备或高价值物品的存储地点。

喷水灭火系统：喷水灭火系统主要通过水的冷却效果来降低火焰的温度，从而达到扑灭火灾的效果。它适用于扑灭固体物质火灾，但在使用时应确保水不会对档案造成损害。

泡沫灭火器：泡沫灭火器主要通过释放泡沫灭火剂，使火焰与空气隔离，降低燃烧物体的温度，从而扑灭火灾。它适用于液体燃料火灾。

（2）灭火设备的选择与配置

根据档案库房的实际情况和可能发生的火灾类型，选择合适的灭火设备。例如，对于电气火灾应选择干粉灭火器或气体灭火器；对于纸质档案应选择喷水灭火系统或泡沫灭火器。

根据档案库房的面积和空间布局，合理配置灭火设备的数量和位置，确保在火灾发生时能够及时有效地进行扑救。

对于不同类型的火灾，应配置不同类型的灭火设备，并确保管理人员能够正确使用和维护这些设备。

（3）灭火设备的维护与管理

定期检查灭火设备的状态和使用情况，确保其随时可用。

对于干粉灭火器和气体灭火器，应定期更换灭火剂或重新充气，以确保其有效性。

对于喷水灭火系统，应定期检查管道、喷头等部件是否完好，并确保水源畅通。

培训档案库房管理人员正确使用和维护灭火设备，提高其应对火灾的能力。

与消防部门保持联系,以便在火灾发生时得到及时专业的救援。

**2. 消防设施**

消防设施能够在火灾初期及时发现并控制火势,最大程度地减少档案的损失,保护人员的生命安全,降低财产损失。

(1)消防设施的种类与特点

火灾探测器:火灾探测器是消防设施中的重要组成部分,能够实时监测库房内的温度、烟雾等参数,及时发现火灾并发出警报。根据档案库房的特点和环境条件,可以选择不同类型的火灾探测器,如感烟探测器、感温探测器等。

自动喷水灭火系统:自动喷水灭火系统是一种常见的消防设施,通过喷头和管网等设备,能够在火灾发生时自动喷水灭火。该系统具有及时、高效、环保等优点,适用于档案库房的灭火工作。

灭火器:灭火器是用于扑灭小型火灾的重要工具,可根据档案库房的特点选择合适的灭火器类型,如干粉灭火器、泡沫灭火器等。

消防水系统:消防水系统包括消防水池、水枪、水带等设备,能够在火灾发生时提供水源,用于灭火和冷却等操作。

排烟系统:排烟系统能够在火灾发生时将烟雾排出室外,降低室内烟雾浓度,提高逃生和灭火的安全性。

应急照明和疏散指示标志:在火灾发生时,应急照明和疏散指示标志能够为人员提供照明和逃生指引,确保人员安全疏散。

(2)消防设施的布局与配置

根据档案库房的平面布局和空间特点,合理规划消防设施的布局,确保其覆盖整个库房区域,不留死角。

根据火灾风险评估结果和消防安全要求,配置足够数量的消防设施,以满足灭火和救援的需求。

在配置消防设施时,应考虑其性能和质量,选择符合国家消防标准和质量要求的设备。

对于重要的档案库房,应设置独立的消防控制室,以便对消防设施进行集中控制和管理。

(3)消防设施的维护与管理

定期对消防设施进行检查和维护,确保其正常运行和使用效果。

对于损坏或过期的消防设施,应及时维修或更换。

定期组织消防演习和培训,增强人员的消防意识和应急处理能力。

与专业的消防机构保持联系,以便在火灾发生时得到及时专业的救援。

### 3. 消防通道

档案库房消防通道是确保人员在火灾等紧急情况下能够安全撤离的重要设施之一。在火灾发生时,消防通道是人员撤离的唯一安全通道,也是消防救援人员进入库房的重要通道。因此,消防通道必须保持畅通,不得堆放杂物或关闭,以确保人员的生命安全。

(1)消防通道的设计与布局

宽度要求:消防通道的宽度应符合国家消防规范的要求,通常不应小于1.5米,以保证人员能够顺利通行。

标识清晰:消防通道应设有明显的指示标识,标明"消防通道,严禁堵塞"等字样,以确保人员了解其用途。

照明设施:消防通道应配备应急照明设施,以便在火灾发生时提供足够的照明。

防烟设施:消防通道应设有防烟设施,如正压送风系统等,以降低烟雾对人员的影响。

布局合理:消防通道的布局应合理规划,尽量缩短人员撤离的距离和时间,确保快速疏散。

(2)消防通道的维护与管理

定期检查:应定期对消防通道进行检查,确保其畅通无阻,不得有任何杂物堆放。

标识清晰:应定期对消防通道的指示标识进行检查,确保其清晰可见。

照明设施:应定期对消防通道的照明设施进行检查,确保其正常运行。

防烟设施:应定期对消防通道的防烟设施进行检查,确保其正常运行。

档案管理:对消防通道的管理进行档案管理,记录检查和维护的情况,以便及时发现问题并进行处理。

# 第四章　档案信息资源的开发利用

## 第一节　档案信息资源开发利用概述

### 一、档案信息资源开发利用的含义

档案信息资源开发利用的目的是挖掘和利用档案中蕴含的丰富信息,以满足组织或机构的实际需求。在这个过程中,需要对档案进行全面、系统的收集、整理、鉴定、编目和保管,确保档案的完整性和安全性。同时,还需要通过各种手段和技术,为组织或机构的决策、管理和发展提供支持。随着信息技术的发展,数字化、网络化和智能化等新型开发利用方式逐渐成为主流,这些新型方式能够实现对海量档案信息的快速检索、分析和处理,提供更加精准和高效的信息服务。

为了更好地实现档案信息资源的开发利用,需要采取一系列措施。首先,要加强档案信息基础设施建设,包括档案馆藏、档案数字化。其次,确保档案信息的安全、完整和可靠。此外,还需要加强对档案信息开发人员的培训和管理,提高其专业素质和技能水平。在档案信息资源的开发利用过程中,还需要注意一些问题。首先,要注重档案信息的真实性和可靠性,避免因信息失真而导致决策和管理失误。其次,要注重档案信息的共享和协同利用,打破信息孤岛和部门壁垒,实现档案信息的共享和互操作。这就需要建立健全的档案信息安全保密制度,严格控制档案信息的知悉范围和使用权限,防止信息泄露和滥用。同时,要加强对档案信息的日常监测和维护,及时发现和处理安全漏洞和隐患。最后,要加强对档案信息真实性和可靠性的审核和把关,确保所提供的信息是准确可靠的。此外,还可以通过制定统一的数据格式和标准、推广数字化档案管理等方式,促进档案信息的共享和协同利用。

在实践层面,企业、高校和政府机关等组织或机构已经开始探索档案信息资源的开发利用之道。例如,一些企业通过建立数字化档案管理系统,实现了对档案信息的快速检索、分析和处理;一些高校则通过建立数字图书馆或数字化校园等项目,整合了各类信息资源,提高了教学和科研的效率;政府机关也开始加强对电子政务的建设和管理,以提高政务公开度和透明度。这些实践探索不仅提高了组织或机构的工作效率和管理水平,也为社会的发展和进步提供了有力支持。

## 二、档案信息资源开发利用的基本原则

### (一)服务原则

所有档案信息资源的开发利用活动必须严格遵守国家关于档案管理、信息公开及知识产权保护等相关法律法规的要求,确保档案信息资源的公开与利用既满足公众知情权,又不侵犯个人隐私和组织秘密。通过数字化、网络化手段,使档案信息资源得以跨越时空限制,为科研、教育、决策支持等提供丰富的数据支持。档案信息服务应当以满足用户需求为导向,注重用户体验,提供个性化、精准化的服务。例如,根据用户研究方向、学习兴趣或工作需要,进行针对性的信息推送和咨询服务,力求做到人尽其才、物尽其用。而且,档案信息资源的开发利用不仅包括对已有档案资料的整理、解读和发布,更应关注实时动态信息的收集、整合与利用,确保档案信息资源库具有时效性和鲜活度。同时,应用现代信息技术手段,如大数据分析、人工智能等,推动档案信息服务模式的创新升级。另外,在推进档案信息资源共享的同时,要建立健全信息安全防护体系,采取有效措施防止档案信息资源在开发利用过程中丢失,切实维护公共利益和个人隐私。

### (二)开放原则

档案作为一种公共资源,其本质属性是公开性和透明性,而且对其开发利用变得越来越重要。因此,档案机构有责任和义务将可公开的档案信息资源向社会公众开放,满足社会各界对档案信息的需求。开放原则有利于促进档案信息资源的共享和交流。在传统的档案管理模式下,由于技术手段的限制和档案管理方式的落后,许多有价值的档案信息资源被束之高阁,无法得到有效的利用和共享。而随着信息技术的发展和普及,档案数字化、网络化已经成为档案管理的新趋势。数字化技术和网络平台可以实现对档案信息资源的远程访问和共享,打破时空限制,提高档案信息资源的利用效率。同时,通过与其他机构的合作和交流,可以实现档案信息资源的互补和互利,推动档案信息资源的社会化进程。而且,开放原则有利于提高档案机构的服务水平和公信力。作为公共机构,档案机构的服务水平和公信力是衡量其工作的重要标准之一。开放档案信息资源可以增加档案机构与社会的互动和交流,更好地了解社会的需求和意见,不断改进自身的服务方式和水平。同时,开放档案信息

资源可以增加公众对档案机构的了解和信任,提高其公信力和社会形象。

要在制度层面明确档案开放的主体、范围、程序和方式等,为档案开放提供制度保障。同时要建立健全的监督机制,对档案开放工作进行有效的监督和管理。要加强档案数字化、网络化等基础设施建设。要提高档案工作者的专业素质和服务意识。加强对档案工作者的培训和教育,提高其专业素质和技能水平。同时,要强化服务意识,增强与社会的互动和交流,了解社会的需求和意见,不断改进自身的服务方式和水平。

在实践中,许多档案机构已经采取了一系列措施来贯彻开放原则。例如,一些机构通过建立数字化档案馆、推出移动端查询功能、开展在线展览等方式,方便公众查询和利用档案信息资源。同时,一些机构还通过与其他机构合作、开展学术交流等方式,加强与其他机构的合作和交流,共同推动档案信息资源的社会化进程。

## (三)法制原则

档案作为一种重要的信息资源,其管理和利用涉及国家利益、公共利益和个人权益等方面,因此必须有相应的法律法规对其进行规范和管理。只有在法律法规的框架下,才能确保档案信息资源在开发利用过程中的合法性和规范性,防止出现信息泄露、侵权等不良事件。而且,档案信息资源的保护涉及多个方面,如信息的保密、隐私的保护、版权的保护等。只有通过法律法规的明确规定和严格执法,才能有效地保护档案信息资源的合法权益,防止信息被滥用、盗用等不良行为发生。并且,档案信息资源的开发利用需要有良好的法治环境,只有在这样的环境下,才能吸引更多的机构和个人参与到档案信息资源的开发利用中来,促进档案信息资源的共享和交流。同时,也只有通过法律法规的规范和引导,才能有效地解决档案信息资源开发利用中出现的各种问题和纠纷,维护档案信息资源的正常秩序。

此外,要加强对法律法规的宣传和普及力度,增强全社会的档案法治意识。同时要加强对档案信息资源开发利用的监督和检查力度,防止出现违规行为。另外,要加强对档案工作者的培训和教育。要提高档案工作者的法律意识和业务素质,使其能够更好地遵循法律法规开展档案工作。同时要加强对档案工作者的职业道德教育,使其能够自觉遵守法律法规和相关政策。

在实践中,一些机构通过建立完善的档案管理制度和规范,确保档案信息资源的完整、准确、安全、可用。一些机构还通过加强对档案工作者的培训和教育,使其能够更好地遵循法律法规开展档案工作。

### （四）效益原则

　　档案信息资源的开发利用效益原则,是指导档案工作实践的重要理论基础,它强调在档案管理和服务过程中追求最大化利用效率和社会价值。这一原则的核心在于如何通过科学、合理、高效的方式挖掘和释放档案信息资源的内在潜力,使之服务于社会经济发展、科技进步、文化传承以及个人需求等多个领域,从而实现经济效益、社会效益与文化效益的有机统一。例如,企业通过充分利用内部档案资料进行产品研发、市场分析、决策支持等,可以降低运营成本,提升工作效率,形成竞争优势;政府部门通过对政策执行过程中的档案信息进行整合分析,可以优化资源配置,提高公共服务效能,助力经济社会持续健康发展。社会效益原则要求档案信息资源的开发利用要以满足公众需求为导向,促进社会公平正义与和谐稳定。档案馆通过公开和提供具有历史价值、教育意义和法律参考作用的档案信息,有助于普及历史文化知识、弘扬社会主义核心价值观,增强公民的历史认同感和民族自豪感;同时,保障公民知情权,维护合法权益,促进社会治理透明化、公正化。文化效益原则是从传承和发展人类文明的角度出发,强调档案信息资源在保存记忆、传承历史、激发创新等方面发挥的独特作用。深度挖掘和传播档案信息中蕴含的文化基因和精神内涵,不仅可以丰富公共文化产品供给,提升国民文化素养,还能够为科技创新、艺术创作等领域提供灵感源泉,推动文化繁荣与发展。

## 三、档案信息资源开发利用的主要内容

### （一）不断充实档案信息服务的内容

　　随着社会的发展和进步,人们对档案信息的需求也越来越多样化。为了满足社会公众的需求,档案机构需要不断拓展和深化档案信息资源的收集、整理和加工工作,尽可能地丰富档案信息的内容和形式。同时,还要加强对新型档案载体和形式的探索和研究,如电子档案、数字档案等,以适应信息化社会的需求。而传统的档案信息利用方式主要包括查阅、复印和借阅等,这些方式虽然简单易行,但难以满足复杂多样的信息需求。因此,需要加强对档案信息利用方式的创新和改进,如通过数字化技术实现档案信息的在线检索、远程传输和多媒体展示等。这些新型的利用方式能够更好地满足社会公众对档案信息的需求,提高档案信息的利用效率和价值。

　　在传统的档案管理模式下,利用手续比较烦琐,需要经过多个环节和审批,给社会公众带来很多不便。为了更好地服务社会公众,需要简化档案信息

的利用手续,如通过推行一站式服务、在线办理等方式,减少利用环节和时间成本,提高档案信息的利用效率。而且,传统的档案信息服务主要面向到馆的读者和用户,服务范围比较有限。为了更好地服务社会公众,需要扩展档案信息服务的范围,如通过开展流动展览、送档下乡等活动,将档案信息服务延伸到基层和社区。同时,还要加强对特定领域和行业的专题性服务,如为企业提供商业秘密保护、为学术研究提供学术成果展示等,以满足不同领域和行业的特殊需求。

档案信息服务需要有良好的硬件和软件设施作为支撑,如完善的档案馆舍、先进的数字化设备、高效的网络平台等。为了提供更好的服务,需要加强对硬件和软件设施的投入和更新,提高设备的性能和稳定性。同时还要加强对设施的管理和维护,确保其正常运行和使用效果。另外,服务水平的高低直接影响到用户对档案信息服务的满意度和忠诚度。为了提供更好的服务,需要加强对档案工作者的培训和教育,增强其专业素质和服务意识。同时还要加强对用户需求和市场变化的了解和分析,及时调整服务内容和方式,以满足用户的需求和市场的发展变化。

## (二)充分利用网络提供利用服务

在信息化时代,网络可以更好地满足公众对档案信息的需求,提高档案信息的利用效率和价值。首先,档案网站是档案机构对外服务的重要窗口,也是展示档案工作成果和形象的重要平台。因此,建设一个内容丰富、功能齐全、易于使用的档案网站是十分必要的。在档案网站建设中,需要注意以下几点:一是要注重网站的易用性和用户体验,使公众能够快速、方便地获取所需的档案信息;二是要加强网站的内容建设,提高档案信息的权威性和可信度;三是要注重网站的宣传和推广,提高网站的知名度和影响力。其次,利用互联网提供档案信息查询利用服务是提高服务质量的关键。通过互联网提供档案信息查询利用服务,可以大大方便用户获取档案信息,提高档案信息的利用效率和价值。

在提供查询利用服务时,需要注意以下几点:一是要保证查询结果的准确性和完整性,提高查询服务的可靠性和可信度;二是要注重对用户隐私的保护,防止用户信息泄露和滥用;三是要加强与用户的互动和交流,及时回复用户的咨询和反馈。

目前,各地的档案网站相对独立,信息孤岛现象比较严重,不利于用户获取完整的档案信息。因此,加强各级档案网站之间的互联互通和信息共享,这就需要各级档案机构加强合作和协调,制定统一的信息交换标准和规范,推动档案信息的共享和交流。这一措施能够有效地提升档案信息服务的效率和公众满意度,打破传统档案管理模式的限制。具体来说,可以通过建立在线检索系统、提供数字化档案全文的浏览和下载服务、推行档案证明网上办理等方式,方便用户获取和使用档案信息。同时,还可以通过与其他机构的合作和交流,实现资源共享和互利共赢。

### (三)构建政府内部档案信息共享平台

在当前信息化高度发达的社会背景下,利用各级党政网构建档案信息共享平台,不仅有利于提升政府行政效率和决策科学性,更能有效保障社会公众获取所需信息的权利。这一举措旨在整合各类档案资源,搭建一个安全、高效、便捷的信息共享交换机制与平台。

首先,以行政职能为基础,充分理解并尊重各级党政机关的工作职责与信息需求,确保档案服务平台能够准确对接各机构的核心业务流程,提供针对性强、实用性高的档案信息服务。这要求平台建设需具备灵活配置和个性化定制的功能,以便于满足不同部门对档案信息的不同层次和维度的需求。其次,坚持以应用需求为导向,深入挖掘档案信息资源的价值。通过分析和研究政府部门以及社会各领域的实际工作需求,推动档案信息从静态存储向动态利用转变,实现档案资源在政策制定、项目审批、公共服务等领域的深度嵌入与融合应用。例如,将涉及民生、经济、环保等领域的重要档案资料进行系统梳理,形成专题数据库,为政策评估、决策参考提供翔实的数据支持。再者,对于依法暂不能公开的档案信息资源,在严格遵守保密规定的前提下,建立政府内部共享使用机制。借助现代信息技术手段,如加密传输、权限管理等,实现这类档案信息在合法合规范围内,在各级党政机关间的有序流转与共享,既可避免重复劳动,又能提高跨部门协同工作效率,优化资源配置。

另外,打造非公开档案信息交换共享平台,既要注重技术层面的安全防护措施,又要完善相关管理制度,确保档案信息安全可控。同时,建立完善的服务评价和反馈机制,定期对平台功能、服务质量和用户满意度进行评估改进,不断优化和完善平台功能,使之成为连接各级党政机关和社会有关部门,促进档案信息资源价值发挥的关键纽带。

### (四)加强档案利用场所和设施建设

公共阅览场所是公众获取档案信息的主要场所之一,也是档案馆与公众互动的重要平台。因此,各级国家档案馆需要加强对公共阅览场所的建设和管理,提供宽敞明亮、舒适宜人的阅读环境,满足不同群体的阅读需求。同时,还要加强对阅览场所的维护和更新,确保其功能完备、运行稳定。随着档案信息数量的不断增加,传统的纸质档案管理方式已经难以满足公众的需求。因此,各级国家档案馆需要加强数字化建设,配备各种现代化的检索查询工具,如计算机、网络、数据库等,提高档案信息的检索查询效率。同时,还要加强对检索查询工具的更新和维护,确保其功能完善、操作简便,通过举办各种形式的档案陈列展览,可以让公众更加深入地了解历史文化的传承和发展。因而各级国家档案馆需要加强对展览厅的建设和管理,提供各种形式的陈列展览服务,满足不同群体的需求。同时,还要加强对展览内容的策划和设计,提高展览的艺术性和文化内涵。而且,档案作为一种重要的信息资源,具有很高的教育价值。各级国家档案馆需要加强对公众的教育工作,通过各种形式的宣传和教育活动,提高公众对档案文化的认识和重视程度。同时,还要加强对教育内容的设计和策划,提高教育的针对性和实效性。另外,还要提高服务的效率和满意度,加强对场所的管理和维护,确保其正常运行和使用效果。

### (五)推进档案信息产品专题开发和加工

着眼当今社会经济发展的脉络与趋势,我们要聚焦重大决策制定、重大项目实施、重点行业改革等关键环节,充分调动并释放档案信息资源的力量,为其提供科学依据和决策支撑。例如,在政策法规制定过程中,通过全面梳理历史档案资料,可以精准把握政策沿革、总结经验教训,为新政策的出台和完善提供翔实的历史借鉴;在重大项目规划与执行阶段,利用档案信息资源进行环境影响评估、风险预测及效果评价,有利于提高项目的科学性和可行性。

同时,档案信息资源开发利用应紧密围绕党和国家工作大局,关注涉及人民群众切身利益的重大专题,如民生改善、环境保护、公共安全等方面,这要求我们运用现代信息技术手段,将原始档案资料转化为结构化的数字档案资源,这些数据库不仅能够满足政府决策层的宏观调控需求,也能为社会公众提供便捷的查阅途径,增进公民对社会热点问题的理解和认识。更为重要的是,档案信息资源的开发利用应当致力于提供优质的精神文化产品,以丰富人民精神生活,提升国民文化素养。通过对各类档案信息进行精心整理、深度解读和创新传播,我们可以揭示历史事件背后的人文精神和社会价值。此外,通过策划举办各类展览、讲座、出版等活动,让档案信息走出库房,走进大众视野,使其成为滋养人们心灵、激发创新灵感的重要源泉。

### (六)加强企业档案信息资源开发

企业档案作为企业的重要资产,不仅记录了企业的历史和现状,还包含了大量的有价值的数据和信息。因此,加强企业档案信息资源的开发,推进企业档案信息化建设,是提高企业核心竞争力、实现可持续发展的重要途径。

建立并逐步完善档案信息管理系统是企业档案信息化的必然选择。引入现代化的信息技术,如电子文件管理系统、档案管理系统等,可以实现对企业档案信息资源的全面覆盖和高效管理。同时,数字化、网络化等技术手段,可以进一步推进企业档案信息的共享和利用,提高企业档案的利用效率和价值。企业档案信息资源涉及企业的各个方面,包括生产、经营、管理等多个领域。因此,对档案信息资源的深度开发需要紧密结合企业的实际需求,深入挖掘档案中有价值的信息和数据。数据挖掘、知识发现等技术手段,可以为企业提供更加精准、深入的信息服务,帮助企业做出更加科学、合理的决策。此外,企业档案是企业的重要资产,其质量和可靠性直接影响到企业的利益和发展。因此,在推进企业档案信息化建设的过程中,需要建立健全的档案管理制度和规范,加强对档案信息的管理和监督。同时,需要加强对档案工作者的培训和教育,提高其专业素质和工作能力,确保档案信息的质量和可靠性。

随着信息化技术的不断发展,企业档案信息资源开发的手段和方式也在不断变化。因此,需要不断探索新的档案管理模式和技术手段,创新企业档案工作方式和方法。同时,需要加强对企业外部信息的收集和整理,拓展企业档案信息的来源和范围,提高企业档案信息的全面性和准确性。

### (七)重视档案信息增值服务工作

在当今信息化社会背景下,档案信息资源的增值服务工作已经成为推动经济社会发展、服务民生的重要环节,将原始档案信息内容转化为具有深度和广度的知识产品,是提升档案事业服务能力、实现档案价值最大化的核心任务。

首先,各级档案部门应充分发挥现有编研人才的专业优势,通过深入挖掘和整合各类档案信息资源,系统梳理历史脉络,提炼关键数据,形成有价值的研究成果和政策参考报告。这些专业人员通过对档案信息进行深度解读和分析,能够揭示出隐藏在资料背后的深层次规律和趋势,为政府决策、学术研究以及公众认知提供有力支持。其次,为了进一步拓宽档案信息开发利用的广度和深度,有必要积极引入并支持社会力量参与到档案信息内容的研究与开发中来。鼓励科研机构、高校学者、企业及社会各界对已公布档案信息进行多元化、多视角的探索和利用,通过项目合作、委托研发等方式,共同构建开放共享、互利共赢的档案知识创新生态系统。这种跨界融合不仅能够丰富档案信息服务的形式与内容,也能够激发全社会对于档案信息资源的关注与重视,从而使得档案信息资源真正成为驱动社会发展、科技进步的重要引擎。此外,强化档案信息增值服务还需依托现代信息技术手段,加快数字化转型步伐,构建集查询、检索、分析于一体的智能化服务平台,通过先进技术处理海量档案信息,实现知识结构化、可视化,使用户能够更便捷地获取所需档案知识,进一步提高档案信息资源的社会效益与经济效益。

### (八)促进档案信息服务业的形成

促进档案信息服务业的形成,是档案信息资源开发利用的重要方向和目标。在当今信息化社会,服务业已经成为经济增长的重要引擎,而档案信息服务业作为服务业的一种,同样具有巨大的潜力和发展空间。为了促进档案信息服务业的形成,需要从体制、机制、市场、产业等多个方面进行创新和推进。

首先,传统的档案管理体制和机制已经无法适应现代社会的发展需求,因此,需要进行改革和创新,政府应该加强对档案信息服务业的引导和支持,制定相关政策和标准,推动档案信息服务业的规范化、标准化发展。其次,发挥市场机制的作用是促进档案信息服务业形成的必要条件。市场机制是资源配置的重要手段,也是促进产业发展的关键因素。在档案信息服务业中,应该充分发挥市场机制的作用,通过市场竞争来提高档案信息资源开发利用的效率和效益。例如,可以引入市场竞争机制,推动档案信息服务的市场化;可以通过提供有偿服务,鼓励社会力量参与档案信息服务业的发展。此外,档案信息服务业的发展离不开相关产业的支持和发展。例如,可以积极发展档案数字化、档案咨询、档案软件开发等相关产业,为档案信息服务业提供技术支持和服务保障。同时,还可以积极发展与档案信息服务业相关的教育、培训等产业,提高档案从业人员的专业素质和服务能力。并且,档案信息服务社会化是满足社会公众对档案信息需求的重要方式,也是推动档案信息服务业发展的重要力量。政府和企业应该积极推动档案信息服务的社会化进程,通过建立公共档案馆、数字图书馆、网上档案馆等途径,向社会公众提供高效的档案信息服务。同时,还应该鼓励社会组织和个人参与档案信息服务的社会化进程,形成多元化的服务主体和多元化的服务方式。另外,长效发展机制是保证档案信息资源开发利用工作持续、健康发展的重要基础。政府应该加强对档案信息资源开发利用工作的规划和管理,制定相关政策和标准,推动档案信息资源开发利用工作的规范化、标准化发展。此外,还应该鼓励企业和社会组织积极参与档案信息资源开发利用工作,形成多元化的服务主体和竞争格局,提高档案信息服务的水平和质量。

## 第二节　档案信息资源开发利用的途径和方法

### 一、档案信息资源开发利用的基本途径

#### (一)按开发利用工作的对象划分

作为档案信息资源开发利用的核心机构,各级国家综合档案馆、专业档案馆以及企事业单位档案部门承担着档案信息资源的基础性整理、保护与开发工作。通过规范化的档案收集、整理、鉴定和数字化处理流程,将大量原始档案转化为结构化、可检索的信息资源,并结合社会发展需求,开展编研、展览、出版等一系列深度开发利用活动,为政府决策、学术研究、公众教育提供有力支撑。

随着信息技术的发展,线上档案信息服务平台成为档案资源开发利用的新渠道。通过建立官方网站、数据库系统、移动应用等多种形式,极大地拓宽了档案信息服务范围,提高了服务效率。此外,还可以依托云技术、大数据分析等手段,对海量档案数据进行深入挖掘与智能推送,使档案信息资源在社会治理、科研创新等领域发挥更大作用。而且,大力鼓励和支持社会各界如高校、科研机构、企业、社会组织和个人参与到档案信息资源的开发利用中来。通过项目合作、委托研究、联合办展等形式,借助各方的专业知识和技术力量,共同发掘档案信息资源中的历史价值、文化价值和经济价值,推动档案研究成果的社会转化,满足不同群体对于档案信息的需求。

在全球化背景下,档案信息资源的国际合作与交流日益频繁。通过签订双边或多边合作协议,加强国际档案信息资源的交换共享,共同举办国际研讨会、展览等活动,不仅可以丰富国内档案资源体系,也有利于传播我国优秀历史文化,提升国家文化软实力。

#### (二)按开发利用工作的渠道划分

历史档案是记录人类社会发展的重要资料,对于了解过去、认识现在都具有重要的参考价值。对这些档案的开发利用工作主要包括档案的整理、编目、研究等方面。通过对这些档案的研究和分析,可以深入了解当时的社会背景、经济发展、文化演变等,为当今社会的决策和发展提供有力的借鉴。其次,企业档案包括企业的经营、管理、生产等方面的信息。对企业档案的开发利用主要是为了提高企业的管理水平、优化资源配置和提高市场竞争力,通过建立完

善的档案管理系统,可以对企业的档案进行分类、检索、分析和利用,帮助企业管理者做出更加科学合理的决策,同时也为企业的发展壮大提供了有力支持。此外,科技档案是科学技术发展的宝贵财富,包括了大量的科研成果、技术发明、专利文献等信息。对这些档案的开发利用主要是为了促进科技创新、推动产业升级和经济社会发展。通过建立专业的档案管理机构和技术手段,可以实现科技档案的高效管理和共享。

随着信息化技术的发展和个人信息的保护意识的增强,个人档案的管理和利用也成为一个重要的议题。个人档案包括个人信息、学历学位、家庭情况、医疗健康等方面的信息。对个人档案的开发利用主要是在政府、企事业单位和个人之间实现信息的共享和使用,方便相关部门的决策和管理,同时也可以更好地服务于个人的生活和工作。需要注意的是,在个人档案的开发利用过程中需要加强信息安全和隐私保护措施,确保个人信息的合法使用和安全传输。

## 二、档案信息资源开发利用的基本方法

### (一) 档案借阅

档案借阅服务在档案工作中占据着至关重要的地位,它是满足公众对档案信息需求的重要方式。然而,如何进一步提升档案借阅服务的水平,优化档案借阅服务的质量,仍是我们需要深入探讨的问题。首先,提升档案借阅服务的首要任务是丰富和优化馆藏资源。馆藏资源是开展档案借阅服务的基础,没有丰富的馆藏资源,档案借阅服务就如同无源之水、无本之木。这包括对各种类型的档案进行分类、整理和编目,确保档案的完整性和系统性。同时,还要注重档案的质量和价值,加强对珍贵档案的保护和利用,提高馆藏资源的历史和文化价值。

在优化馆藏资源方面,档案部门需要注重馆藏资源的结构性和系统性,确保馆藏资源能够满足不同领域、不同层次的用户需求。这需要加强对用户需求的研究和分析,了解用户对档案的需求和偏好,并根据用户需求调整馆藏资源的结构和内容。同时,还需要建立科学的档案鉴定和筛选机制,确保馆藏资源的真实性和可靠性。其次,提升档案借阅服务需要加强技术手段的应用。在信息化时代背景下,技术手段的应用已经成为提升档案借阅服务的关键因素之一。因此,档案部门应积极推进档案数字化建设,建立档案信息资源数据库,实现档案信息的数字化存储和检索。这不仅可以提高档案借阅服务的效率和质量,还可以为用户提供更加便捷、高效的档案信息服务。同时,还要利

用信息技术手段优化档案借阅服务流程。例如,建立在线预约系统、电子支付系统等,方便用户进行档案借阅和费用支付;建立用户反馈系统,收集用户对档案借阅服务的意见和建议,及时调整服务内容和方式。这些技术手段的应用不仅可以提高档案借阅服务的效率和质量,还可以增强用户的满意度和忠诚度。再次,提升档案借阅服务需要加强人才队伍建设。人才是提升档案借阅服务的关键因素之一,没有高素质的人才队伍,档案借阅服务的质量和水平就难以得到提升。因此,档案部门应积极引进和培养具有专业背景、实践经验、创新能力的档案管理人才。这些人才不仅需要具备丰富的档案管理知识,还需要了解用户需求和市场变化,能够根据用户需求和市场变化调整档案管理策略。同时,还需要具备较高的职业道德素质和服务意识,能够为用户提供优质、专业的档案管理服务。

为了加强人才队伍建设,档案部门可以采取多种措施。例如,加强人才引进和培养工作,建立完善的人才培养机制和管理制度;注重人才队伍的素质提升和经验交流,鼓励人才参加各类培训和学习活动;建立科学的人才评价机制和激励机制,激发人才的工作积极性和创造力。通过这些措施的实施,可以建立一支高素质、专业化、有担当的档案管理人才队伍,为提升档案借阅服务的质量和水平提供坚实的人才保障。

## (二)档案开放

档案开放是档案馆(室)的一项重要工作,旨在将符合条件的档案资料向社会公众公布和提供利用。它是实现档案信息资源社会化、公开化的重要环节,也是保障公民知情权、促进社会发展与进步的重要方式。档案开放工作的实施,需要遵循国家法律法规,确保档案信息的安全和保密。在此基础上,档案馆(室)应积极推动档案信息化建设,创新服务模式,提高服务质量,以满足公众对档案信息的需求。首先,档案开放工作需要遵循国家法律法规。档案中包含着大量的个人信息、机密文件等,涉及国家安全、个人隐私等问题,因此,必须依法进行档案开放工作。档案馆(室)应严格遵守相关法律法规,确保档案信息的合法性和安全性。在开放过程中,要加强对档案的鉴定和审核,明确档案的开放等级和范围,对涉及国家安全、个人隐私等敏感信息进行保护,确保档案信息安全保密。其次,数字化、网络化已经成为档案工作的发展趋势。档案馆(室)应积极推动档案信息化建设,将传统纸质档案转化为数字档案,实现档案信息的数字化存储和检索。通过建立数字档案馆(室),可以实现档案信息的在线查询、远程利用等功能,提高档案信息的利用效率和共享程度。同时,数字化档案还可以有效防止档案的损坏和丢失,保护档案的安全和完整。此外,传统的档案服务模式已经不能满足公众的需求,档案馆(室)应积极创新服务模式,提高服务质量。例如,可以通过开展专题展览、举办文化活动等方式,吸引更多的公众了解和利用档案信息;建立多元化的查询方式,提供在线查询、电话查询、微信查询等多种查询方式,方便公众获取档案信息;建立用户反馈机制,及时收集和处理用户对档案服务的意见和建议,不断改进服务质量和水平。而且还需要建立完善的信息发布机制。通过建立完善的信息发布系统,及时发布政府机关的政策法规、行政决定和其他相关信息,可以增加政府工作的透明度和公信力。现行文件阅览中心是实现这一目标的重要平台。通过及时、全面、准确地提供政府机关正在执行中的政策法规、行政决定和其他相关信息,现行文件阅览中心可以让公众更好地了解和监督政府行为,有效参与公共事务管理。同时,通过与政府机关的紧密合作和信息共享,现行文件阅览中心还可以为政府机关提供有力的信息支持和服务保障。另外,档案工作是一项专业性很强的工作,需要具备丰富的档案管理知识和技能。因此,应加强对档案管理人才的培养和引进工作,建立一支高素质、专业化、有担当的档案管理人才队伍。同时,还应注重对档案管理人员的培训和教育,不断提高其业务素质和服务能力。通过人才培养和队伍建设工作的加强,可以为档案开放工作提供坚实的人才保障和技术支持,推动档案事业的持续发展和社会进步。

## (三)档案公布

档案公布是档案馆(室)的核心职能之一,旨在根据社会需求,通过多种形式向公众展示档案信息。它不仅是满足公众知情权的重要途径,更是传承历史文化、促进学术研究的重要手段。在传统的档案公布中,档案馆(室)主要采用展览、出版物、宣传册等形式来向公众展示档案信息。这些形式在当时的历史背景下,确实发挥了一定的作用,满足了部分公众对档案信息的需求。但随着时代的发展和社会的进步,这些传统形式的局限性也日益凸显,如传播范围有限、信息呈现方式单一等问题。

现代的档案公布更加注重数字化和网络化。通过建立档案数据库和网站,档案馆(室)可以更加便捷地将档案信息以数字化的形式呈现给公众,并提供高效的检索和查阅服务。数字化和网络化不仅极大地提高了档案公布的效率和覆盖范围,还使得档案信息能够与公众进行更好的互动,进一步提升了档案的利用价值。除了数字化和网络化,现代的档案公布还特别注重多元化和个性化。档案馆(室)会根据不同的主题和需求,采用多种形式来呈现档案信息,如图片、音频、视频等,使得公众能够更加全面、直观地了解和感知档案内容。同时,他们还会根据公众的兴趣和需求,提供个性化的档案信息服务,以满足不同群体的多样化需求。这种以用户为中心的服务理念,大大增强了档案公布的针对性和有效性。

在实施档案公布的过程中,档案馆(室)需要特别注意几个关键方面。首先,要对所公布的档案信息进行严格的鉴定和审核,确保其真实性和可靠性。历史档案中可能存在一些不准确或失实的记录,需要进行辨析和考证。这既是对历史的尊重,也是对公众的负责。其次,要特别关注档案的原始性和完整性。在公布档案信息时,要尽量保持档案的原貌,避免对档案造成不必要的损害或篡改。同时,也要注意保护档案中所蕴含的文化价值和历史意义。此外,要注重提高档案公布的服务质量。这包括提供便捷的检索和查阅服务、优化用户体验、关注用户反馈等方面。档案馆(室)应积极收集和处理用户对档案服务的意见和建议,及时调整和完善服务方式和方法,以满足用户不断变化的需求。同时,还要加强与相关部门的合作与交流,共同推动档案事业的发展与进步。另外,要重视档案公布中的知识产权保护问题。对于涉及知识产权的档案信息,要进行合理的使用和传播,避免侵犯他人的知识产权。同时,还要加强与知识产权部门的合作,共同打击侵权行为,维护良好的知识产权秩序。

(四)档案编研

档案编研是一项重要的工作,其目的是为了更好地保护和利用档案,促进档案的传播和交流。通过将相关的档案文件进行整理、分类、校对等加工,形成完整的档案文献资料,以方便查阅和使用。这一过程对于档案的保护和管理至关重要,因为它可以确保档案的完整性和准确性,同时也可以提高档案的利用率和价值。在进行档案编研时,要求编研人员对馆藏档案进行深入的研究和剖析,以确保所编写的档案资料真实可靠,符合历史事实。这需要编研人员具备扎实的专业知识和严谨的工作态度,以确保档案编研成果的准确性和可靠性。同时,编研人员还需要时刻关注档案的保护和管理,避免在编研过程中对档案造成损害。为了满足社会各界的需要,档案编研成果应该具有广泛的应用价值。它们可以为学术研究提供重要的参考和依据,帮助学者们更好地了解历史事件和人物。同时,也可以为政府决策提供支持,帮助政府机构更好地制定相关政策和规划。因此,编研人员需要充分了解用户需求,并根据不同领域的需求制订相应的编研计划和方案。这需要编研人员具备敏锐的市场洞察力和创新思维,以不断拓展档案编研成果的应用领域和市场。此外,为了更好地满足用户需求和提高市场竞争力,档案编研成果需要不断创新和升级。编研人员需要紧跟时代发展的步伐,不断探索新的编研思路和方法,挖掘出更多有价值的档案信息。同时,还需要着重突出馆藏档案的特色和亮点,打造具有地方特色的档案文化品牌。这不仅可以提高档案编研成果的知名度和影响力,还可以促进当地文化事业的发展和进步。

## 三、档案借阅

### (一)阅览室的建设

阅览室作为提供阅读和学习的重要场所,在图书馆、学校、公司等地方都扮演着重要的角色。建设一个良好的阅览室,需要考虑许多因素,如空间布局、阅读环境、设备设施、服务等,以提供舒适的阅读和学习环境。首先,阅览室的空间布局是建设的重要基础。阅览室的布局应该合理、舒适、方便使用。根据阅览室的功能需求,可以设置不同的区域,如阅读区、学习区、休息区等。阅读区是阅览室的主要区域,应该设置足够的书架和阅读桌椅,以满足读者的阅读需求。学习区可以提供一些独立的学习空间,以便读者在学习时能够专注于任务,不受打扰。休息区可以提供一些舒适的座位和茶水等,供读者在阅读和学习之间休息放松。其次,阅览室的阅读环境也是建设的重要因素。阅览室的阅读环境应该安静、整洁、明亮。为了创造一个良好的阅读环境,阅览室应该保持清洁和整洁,避免噪音和干扰。此外,阅览室的光线应该充足,以减轻读者的眼睛疲劳。也可以提供一些绿色植物和艺术品等装饰物,为阅览室增添一些生气和美感。

再者,阅览室的设备设施也是必不可少的。设备设施应该符合读者的需求,提供足够的便利和舒适性。例如,提供足够的电源插座和网络接口,以便读者能够方便地使用电子设备和笔记本电脑等。此外,还可以提供一些复印机、打印机、扫描仪等设备,以便读者能够方便地复制和打印资料。另外,阅览室的服务也是建设的重要方面。服务应该以读者为中心,提供及时、专业、友好的服务。例如,提供图书借阅服务、咨询服务、导览服务等。同时,也可以定期举办一些活动,如读书会、讲座、展览等,以吸引更多的读者来阅览室阅读和学习。

### (二)档案阅览

档案阅览是档案工作的重要组成部分,是满足公众对档案信息需求的重要途径。档案阅览服务不仅能够帮助公众了解和获取所需的档案信息,还能够促进档案的传播和利用,为经济社会发展提供有力的支持。

在档案阅览服务中,档案信息资源包含了许多机密和敏感的信息,因此,必须采取有效的措施来保护档案的安全和保密性。这包括对档案的存储、管理和利用等环节进行严格的管理和控制,确保只有经过授权的人员才能够接触和使用档案。其次,需要提供优质的阅览服务。为了方便公众获取档案信息,需要提供多种形式的档案阅览服务,如现场阅览、网络阅览、邮寄阅览等。同时,还需要根据公众的需求和特点,提供个性化的服务,如定题服务、专题服务等。在提供服务的过程中,需要注重服务的态度和质量,尽可能满足公众的需求和期望。

另外,还需要加强档案的宣传和推广。由于档案是一种重要的信息资源,因此,需要加强档案的宣传和推广,提高公众对档案的认识和了解。可以通过举办展览、发布宣传册、开设讲座等方式来宣传和推广档案,吸引更多的公众来利用档案。

此外,还需要不断改进和优化档案阅览服务。由于公众对档案信息的需求是不断变化的,因此,需要不断改进和优化档案阅览服务,以满足公众的需求。这包括改进服务流程、提高服务效率、增加服务内容等。同时,还需要积极探索新的服务方式和技术手段,提高档案阅览服务的水平和质量。而档案工作人员是档案阅览服务的核心力量。他们需要具备专业的知识和技能,能够有效地管理和利用档案信息资源。同时,还需要具备良好的服务意识和沟通能力,能够与公众建立良好的互动关系,提供优质的服务。因此,需要加强对档案工作人员的培训和管理,提高他们的专业素养和服务能力。

## (三)档案外借

档案外借是档案工作的重要环节之一,这就需要制定严格的借阅制度和程序。档案是一种具有重要价值的资源,因此必须对借阅进行严格的管理和控制。档案馆(室)应该建立完善的借阅制度,明确借阅的范围、条件、程序和责任等,以确保档案的安全和完整。同时,应该对借阅者进行身份验证和信誉评估,避免档案被非法获取或滥用。其次,需要对外借档案进行科学管理和保护。由于档案是易损坏和易丢失的物品,因此必须采取有效的措施进行管理和保护。在借出之前,应该对档案进行必要的保护和处理,如加装保护套、放置干燥剂等,以防止档案受到损坏或变质。同时,应该定期对借出的档案进行检查和维护,以确保档案的完整性和安全性。另外,需要提供优质的服务和信息咨询。由于用户在使用档案过程中可能会遇到各种问题和困难,因此,需要提供优质的服务和信息咨询。这包括帮助用户了解档案的内容和特点、指导用户如何使用档案、回答用户的问题和解决用户的问题等。同时,还应该积极收集用户的反馈和意见,不断改进和优化外借服务的质量和效率。

此外,由于许多用户可能并不了解档案的价值和使用方法,因此需要加强对外借档案的宣传和推广,可以通过各种宣传方式提高公众对档案的认识和了解。同时,还应该积极探索新的宣传和推广方式,如利用社交媒体和网络平台进行宣传和推广等。

### (四)档案证明

档案证明其目的是满足单位或个人处理和解决某个问题的需求,充分发挥档案凭证作用的一种档案信息资源开发利用方法。出具档案证明需要经过严格的审核和鉴定,确保证明的真实、准确和客观。

首先,档案证明的出具必须基于真实的档案材料,经过严格的审核和鉴定,确保证明内容与档案记载一致,不存在虚假或错误的情况。同时,证明的内容也必须准确无误,不得有任何歧义或模糊之处。其次,档案证明的出具必须基于客观的立场和态度,不受任何外部因素的影响或干扰。证明的内容必须客观反映档案记载的情况,不得有任何主观臆断或偏见。同时,证明的出具也必须遵循公正的原则,不得损害任何一方当事人的合法权益。此外,档案证明的出具必须符合相关法律法规的规定,不得用于非法或不当的用途。同时,证明的适用范围也必须明确界定,不得随意扩大或缩小。另外,档案证明的出具必须经过严格的审批程序,确保证明的合法性和合规性。同时,也要加强对档案证明的监督和检查,及时发现和纠正存在的问题和不足之处。

### (五)档案咨询

档案咨询是档案服务中不可或缺的一环,它旨在为利用者提供有针对性的指导和建议,帮助他们更好地了解和利用档案资源。在这个过程中,档案工作人员扮演着至关重要的角色。他们需要根据利用者的需求和问题,提供个性化的服务,帮助利用者快速、准确地找到所需要的档案信息。为了实现这一目标,档案工作人员需要具备专业的知识和技能。他们需要熟悉档案的基本分类、检索方法和利用方式,掌握档案管理系统的操作和档案检索工具的使用。此外,他们还需要具备良好的沟通能力和服务意识,能够与利用者建立良好的互动关系,理解他们的需求和问题,并提供及时、准确的解答和指导。在实际工作中,档案工作人员需要根据利用者的需求和特点,提供个性化的服务。这包括专题咨询、定题服务等,以满足不同利用者的需求。例如,对于研究人员,他们可能需要深入了解某一特定领域或主题的档案资料,档案工作人员可以帮助他们筛选和整理相关档案,提供专业的指导和建议。对于政府部门或企业,他们可能需要利用档案进行决策或参考,档案工作人员可以协助他们查找和整理相关档案,提供有针对性的解决方案。

这就需要通过各种渠道和平台宣传档案咨询服务的内容和优势,提高公众的认知度和利用率。例如,可以通过社交媒体、网站、宣传册等方式向公众传播档案咨询服务的价值和作用,吸引更多的利用者前来咨询。其次,加强培训和管理也是提高档案咨询服务质量的重要途径。通过定期的培训和交流活动,提高档案工作人员的专业素养和服务能力。例如,可以组织内部培训、研讨会、经验分享会等,让档案工作人员不断学习和成长,提高他们的专业水平和服务质量。此外,加强与利用者的沟通和互动也是提高档案咨询服务质量的关键。及时收集反馈和意见,了解利用者的需求和期望,不断改进和优化咨询服务的质量和效率。例如,可以通过问卷调查、面对面交流、在线反馈等方式收集利用者的意见和建议,有针对性地改进和优化咨询服务内容和方式。

（六）档案利用统计分析

通过统计分析,我们可以了解到档案的访问量、利用者的类型、利用目的等信息,从而把握档案利用的整体情况。这对于我们制订合理的档案工作计划,提高档案的利用率具有重要意义。其次,档案利用统计分析可以帮助我们发现档案利用工作的特点和发展规律。通过分析利用者的行为和需求,我们可以了解档案的受欢迎程度、利用者的阅读习惯等信息,从而发现档案利用的特点和规律。这有助于我们更好地满足利用者的需求,提高档案服务质量。此外,档案利用统计分析还可以揭示出档案利用工作存在的问题和不足之处。通过深入分析档案利用数据,我们可以发现一些利用工作中的问题,如服务效率不高、信息不准确等。针对这些问题,我们可以采取相应的措施进行改进和优化,提高档案工作的效率和效果。另外,档案利用统计分析还可以帮助我们做出科学的预测和结论。通过分析档案利用的历史数据和发展趋势,我们可以预测未来的档案需求和利用情况,从而制订出更加科学合理的工作计划和决策。这有助于我们更好地应对未来的挑战和机遇,推动档案事业的持续发展。

在具体的实践中,开展档案利用统计分析需要遵循科学的方法和步骤。首先,需要收集完整的档案利用数据,包括利用者的信息、利用目的、访问量等。其次,需要对收集到的数据进行整理和分析,运用统计学的方法对数据进行处理和解读。最后,需要将分析结果转化为具体的建议和措施,为档案工作的改进和发展提供科学的依据。

## 四、档案开放

### (一)档案开放的鉴定和准备

档案开放的鉴定和准备是档案管理工作中的重要环节,它涉及如何确定档案的开放程度、范围和时间等问题,对于保障档案信息安全、维护公民权益、促进档案信息资源共享等方面具有重要意义。首先,档案开放的鉴定需要遵循一定的原则和标准。鉴定工作应当以国家法律法规和相关政策为依据,以档案的内容、性质、密级、利用方式和利用对象等因素为考量,来确定档案的开放程度和范围。具体来说,应当根据档案的内容和性质,将其分为不同密级的档案,如公开、内部使用、机密、绝密等,针对不同密级的档案,应当采取不同的鉴定标准和开放程度。同时,鉴定工作还应当考虑档案的利用方式和利用对象,对于不同的利用方式和利用对象,也应当采取不同的开放程度和范围。其次,档案开放的鉴定需要建立完善的鉴定制度和程序。鉴定工作应当由专业的鉴定人员或鉴定委员会来承担,建立完善的鉴定程序和流程,确保鉴定工作的科学性和准确性。鉴定人员应当具备相应的专业知识和技能,了解国家法律法规和相关政策,熟悉档案的内容和性质,能够准确判断档案的密级和开放程度。另外,档案管理系统还应当建立安全可靠的备份和容错机制,确保档案信息的安全性和完整性。此外,还需要加强档案管理人员的培训和管理,提高他们的专业素养和服务能力,为档案开放的准备提供有力的人才保障。

### (二)馆藏档案划分控制范围

馆藏档案划分控制范围是档案管理工作中一项至关重要的内容,它旨在确保档案的安全性和有效性,同时也保障了商业秘密以及个人隐私等合法权益。这一过程依据相关法律法规和政策规定,结合档案的形成背景、内容性质及社会价值,对馆藏档案进行科学合理的分类和权限设定,从而实现档案资源的有效利用与合理保护。首先,馆藏档案划分控制范围的基础是对档案信息内容的深入理解和精准把握。不同类型的档案具有不同的敏感度和保密级别,例如,政府机关形成的文件资料涉及国家安全、社会稳定等方面,必须按照国家保密法及相关法规的要求,严格划定开放与非开放范围;企业单位的档案可能包含核心技术、商业策略等内容,需要遵循知识产权保护法律和公司内部管理制度,审慎确定其使用权限。其次,档案划分控制范围的过程也体现了档案管理的专业性和规范性。档案工作者需要通过详尽的档案鉴定工作,明确各类档案的保存期限和解密时间,对超出保管期限且不涉及保密事项的档案依法予以开放,对于仍在保密期或具有特殊敏感性的档案,则严格执行限制利用的规定,确保档案信息在合法合规的前提下得到最大程度的利用。此外,在数字化时代背景下,馆藏档案的电子化管理和网络共享也对划分控制范围提出了新的要求。档案馆不仅要针对纸质档案建立完善的控制体系,还需要构建起适应数字化环境下的权限管理机制,运用现代信息技术手段如加密、权限设置、日志追踪等技术,对电子档案的查阅、复制、下载等操作实施精细化、动态化的控制,有效防止非法获取和滥用档案信息。

## 五、档案公布

### (一)档案公开的权限规定

档案公开的权限规定是档案管理中的一项重要内容,它涉及档案的公开范围、方式和程序等方面的问题。在实践中,应当根据国家法律法规和相关政策,结合档案的实际情况,制定科学、合理、可行的公开权限规定,以确保档案信息的安全、准确和完整。首先,档案公开的权限规定应当明确档案的公开范围。根据档案的内容、性质和密级等因素,应当明确规定哪些档案可以公开,哪些档案不能公开。对于可以公开的档案,也应当根据密级的不同,规定不同的公开范围和方式。例如,对于一些涉及国家机密的档案,应当严格限制其公开范围,确保国家安全和利益不受损害。其次,档案公开的权限规定应当明确档案的公开方式和程序。公开方式包括主动公开和依申请公开两种方式,对于主动公开的档案,档案管理部门应当定期向社会发布档案目录和摘要等信息,以方便公众了解和利用;对于依申请公开的档案,公众可以通过申请方式获取相关信息。公开的程序应当规范、透明和公正,确保公众能够依法获取相关信息。另外,档案公开的权限规定应当建立完善的监督机制。监督机制包括内部监督和外部监督两个方面。内部监督主要是指档案管理部门内部的监督机制,应当建立完善的审核、审批和备案制度,确保档案公布的科学性和准确性;外部监督主要是指公众和社会组织的监督机制,应当建立完善的投诉、举报和诉讼等制度,确保公众和社会组织能够依法参与档案管理的监督工作。

### (二)档案公布的形式

档案公布是档案管理工作的重要环节,它是指在依法依规的前提下,将经过鉴定、整理并满足公开条件的档案资料,通过一定的形式向公众或特定群体开放,以实现档案信息的社会共享和价值最大化。档案公开的形式多种多样,并随着信息技术的发展和社会需求的变化而不断改进和完善。首先,传统的档案公开形式主要包括:档案查阅服务。即在档案馆或其他档案保管机构设立专门的阅览室,为研究者、学者及公众提供现场查阅原始档案的服务,这种方式可以确保档案原件的安全,同时也能满足用户对档案原貌、原始记录等高保真信息的需求;出版发行档案文献汇编。档案馆可选取具有较高历史价值、学术价值或社会影响力的档案进行编辑加工,形成专题档案文献集或史志类图书公开发行,使档案信息得到更广泛的传播。其次,随着数字化技术的普及和发展,电子化、网络化的档案公布形式日益凸显其优势。数字档案馆建设使得档案信息资源得以在线发布,公众可通过官方网站、数据库平台等形式远程查询、浏览电子化的档案内容,极大地提高了档案利用效率和便捷性。此外,移动互联网、社交媒体等新媒体平台也为档案公布提供了新的途径,如通过微信公众号、微博等方式推送档案故事、重要档案文件解读等内容,吸引更多公众关注和参与,提升档案文化的影响力。

再者,针对部分涉及敏感信息、有限制开放要求的档案,档案公开形式也会采取预约申请、审批授权等方式进行特殊管理。例如,对于含有国家秘密、商业秘密或个人隐私等内容的档案,在经过严格的解密审核与权限控制后,方可按需要向符合资格的申请人提供查阅或复制服务。另外,为充分挖掘档案的历史教育功能和文化价值,档案公布还会采用展览、讲座、研讨会等多种形式。比如,举办各类主题档案展,通过实物展示、图文解说、多媒体演示等手段,生动直观地展现档案背后的历史事件和人物故事,让广大观众在观赏中了解历史、感悟文化。

## 第三节　档案编研与展览

### 一、档案编研概述

#### (一)档案编研的内容

基础编研是对档案进行基础性的整理和加工,包括对档案进行分类、排序、编目、鉴定等工作。通过基础编研,可以有效地提高档案的检索效率和利用效果,为用户提供更加准确和全面的档案信息。其次,专题编研是根据特定主题或需求,对相关档案进行深入研究、分析和整理,形成具有特定目的和内容的编研成果。专题编研可以涉及多个领域和方面,如历史事件、人物传记、组织沿革等,其成果可以为学术研究、决策制定等提供重要的参考和依据。随着数字化时代的到来,数据编研成为档案编研的一个重要方向。数据编研通过对海量数据进行采集、整理、分析和挖掘，形成具有特定价值和意义的数字资源。数据编研的成果可以为决策支持、市场分析、科研等领域提供重要的数据支持和参考。而出版编研是将编研成果以出版物的形式呈现给公众，包括书籍、期刊、报纸等。出版编研的成果可以为学术界和社会公众提供更加全面和深入的档案信息，促进学术交流和文化传承。

## （二）档案编研的特点

档案作为历史的真实记录，其原始性、客观性和不可替代性为档案编研提供了丰富且权威的信息来源。档案编研工作通过对原始档案资料的深入挖掘、整理和分析，能够准确地再现历史事件的发展脉络，揭示历史真相，保持历史的原貌和连续性，从而确保研究成果的真实性与可靠性。其次，基于档案资料进行的专题研究，不仅有助于填补历史空白，深化对特定领域、特定时期或特定问题的认识，还能为当前社会经济建设、政策制定、科学研究提供翔实的数据支持和理论依据。同时，通过档案编研成果的转化应用，可以进一步推动档案资源的社会化服务，提高档案信息的社会利用效率。再者，档案编研是一个系统而复杂的过程，体现了集成性与创新性的统一。这一过程包括档案收集、筛选、鉴定、解读、整合等多个环节，要求编研人员具备扎实的专业知识、敏锐的问题洞察力以及良好的综合分析能力。在此过程中，编研人员不仅要忠实于档案原始记录，更要根据研究目标和现实需求，灵活运用各种研究方法和技术手段，实现对档案信息的深度开发与创新利用。此外，档案编研还具有鲜明的时代特征和动态性。随着社会进步和科技发展，档案载体形式日益多元化，电子档案、音视频档案等新型档案类型不断涌现，这给档案编研带来了新的挑战和机遇。档案编研必须紧跟时代步伐，适应信息化环境下档案资源的新特点，不断创新编研理念与方法，提升数字化、网络化的编研技术水平。

## （三）档案编研工作的新探索——网络编研

网络编研作为档案编研工作的一种新形式，其出现和发展是信息技术与档案工作相结合的必然产物。网络编研为档案工作带来了新的机遇和挑战。首先，网络编研的出现改变了档案编研的方式和手段。传统的档案编研主要依靠手工操作，效率低下，而且受到时间和空间的限制。而网络编研则可以利用计算机技术和网络技术，快速、准确地处理和传输信息，提高了档案编研的效率和准确性。同时，网络编研还可以通过网络平台，实现档案信息的在线编辑、审核和发布，使得档案编研更加灵活和便捷。而且，传统的档案编研主要针对馆藏档案进行整理和研究，而网络编研则可以利用互联网上的海量信息资源,进行深度挖掘和分析。这不仅丰富了档案编研的素材和资源,还使得档案编研成果更加具有广泛性和普遍性。同时,网络编研还可以通过与其他机构的合作和交流,实现资源共享和优势互补,进一步拓展了档案编研的空间和范围。此外,传统的档案编研成果主要以纸质形式出版,传播范围有限,利用效率低下。而网络编研则可以将档案编研成果以电子文献的形式发布在网络上,使得用户可以随时随地访问和利用。这不仅提高了档案编研成果的传播效率,还使得档案信息更加开放和透明,进一步促进了档案事业的发展和社会进步。

同时,网络编研也对档案工作者提出了新的要求和挑战。一方面,网络编研需要档案工作者具备较高的计算机技术和网络技术水平,能够熟练地运用各种信息技术工具和软件进行档案信息的处理、传输和发布。另一方面,网络编研也需要档案工作者具备更加广泛的知识储备和学术素养,能够从海量信息中挖掘出有价值的内容进行整理和研究。因此,档案工作者需要不断更新自己的知识结构和技术水平,以适应网络编研工作的需要和发展。

## 二、档案编研的选题

### (一)选题依据

档案馆的馆藏资源丰富多样,包括政府文件、历史档案、私人档案等。这些资源具有很高的历史价值和研究价值,可以为档案编研提供丰富的素材。在选题时,档案工作者应首先对馆藏资源进行全面梳理和分析,发掘出具有重要价值的档案材料,从而确定编研的主题和方向。同时,馆藏档案资源的系统性、完整性等因素也是选题时需要考虑的重要因素。其次,学术研究动态也是档案编研选题的重要依据。学术界对于历史、文化、政治等领域的研究不断深入,新的学术观点和理论也不断涌现。档案工作者应时刻关注学术界的最新研究动态和热点问题,了解学术界对于档案资料的需求和期望。通过与学术界的合作,可以发现具有学术价值的档案材料,进而将其作为编研选题的重要依据。同时,学术研究动态还可以为档案编研提供新的思路和方法,促进档案编研的创新和发展。此外,社会热点问题也是档案编研选题的重要来源之一。随着社会的发展和变化,一些热点问题不断涌现,这些问题往往与档案材料密切相关。通过将这些问题与档案材料相结合,可以形成具有现实意义的编研成果,为解决社会问题提供历史借鉴和参考。例如,历史上的重大事件、城市发展历程、民生问题等都可以成为档案编研选题的热点问题。通过深入研究这些热点问题,可以发掘出档案资料中隐藏的价值和意义,为社会发展提供有力的支持。

另外,国家政策法规的变化和发展趋势往往会对档案资料产生重要影响。了解国家政策法规的变化和发展趋势,可以发现具有政策参考价值的档案材料,进而将其作为编研选题的重要依据。例如,国家发展规划、重大战略决策等都可以为档案编研提供政策参考价值。通过深入研究这些政策法规,可以发掘出档案资料中隐藏的政策参考价值,为政府决策提供有力的支持。另外,通过与其他机构、学者、专家等的合作与交流,可以了解他们的研究动态和成果,发现具有合作价值的档案材料,进而形成共同的研究课题和项目。合作与交流还可以促进不同领域的知识和技术交流,提高档案编研的水平。

## (二)选题角度

从历史的角度进行选题,可以关注历史事件、人物、社会制度等方面。通过对历史档案的整理和研究,可以还原历史真相,揭示历史规律,为现实提供借鉴和参考。例如,可以选择某一历史时期的重大事件或人物进行深入研究,探究其背后的历史原因和影响。这种选题角度可以帮助人们更好地理解历史,并从中汲取经验和教训。其次,从文化的角度进行选题,可以关注文化传承、文化交流、文化多样性等方面。通过对文化档案的整理和研究,可以弘扬民族文化,推动文化交流,促进文化创新。例如,可以选择某一地区的非物质文化遗产或某一民族的文化传承进行深入研究,探究其独特的文化特点和价值。这种选题角度有助于增强文化自信心和民族凝聚力。此外,从政治的角度进行选题,可以关注政治制度、政治事件、政治人物等方面。通过对政治档案的整理和研究,可以了解政治体制的运行机制,揭示政治事件的影响和意义,为政治决策提供参考和借鉴。例如,可以选择某一时期的政治变革或某一政治人物的思想进行深入研究,探究其背后的政治动机和影响。这种选题角度有助于人们更好地理解政治运作和决策过程。另外,从社会的角度进行选题,可以关注社会问题、社会改革、社会事件等方面。通过对社会档案的整理和研究,可以了解社会的发展变化,揭示社会问题的根源和解决方案,为社会改革和发展提供支持和帮助。例如,可以选择某一时期的社会改革或某一社会事件的影响进行深入研究,探究其背后的社会因素和影响。这种选题角度有助于人们更好地了解社会发展的规律和趋势。另外,从专题的角度进行选题,可以关注某一特定领域或主题的档案整理和研究。例如,可以选择某一行业的发展历程、某一地区的地理文化、某一时期的教育改革等作为专题进行研究。通过对专题档案的整理和研究,可以深入了解该领域的细节和特点,为该领域的发展提供支持和服务。这种选题角度有助于人们更好地理解特定领域的情况和发展趋势。

### (三)编前研究

在档案编研工作中,编前研究是一个至关重要的环节。它不仅是档案编研工作的起点,更是决定档案编研成果质量的关键因素之一。编前研究主要涉及对档案材料的收集、整理、分析和评估等工作,旨在为后续的编研工作提供全面、准确、有价值的信息。首先,编前研究需要对档案材料进行系统、全面的收集。档案材料是编研工作的基础,其收集范围、质量和完整性将直接影响到编研成果的质量。因此,在收集过程中,需要采取多种途径和方法,尽可能地扩大档案材料的来源和覆盖面。同时,还要注重档案材料的真实性和准确性,对于存在疑问或矛盾的材料要进行核实和甄别。其次,编前研究需要对收集到的档案材料进行整理和分析。整理工作包括对材料的分类、排序和编号等,以便于后续的查找和使用;分析工作则需要对材料的内容、形式、来源和价值等方面进行深入的研究和评估。此外,编前研究还需要对档案材料的价值和意义进行评估。评估工作需要综合考虑档案的历史价值、文化价值和社会价值等方面,以确定哪些材料具有较高的编研价值。对于具有较高价值的材料,需要进行重点研究和整理,以便在后续的编研工作中加以利用。

## 三、档案编研的选材

### (一)选材标准

真实性是档案编研选材的首要标准。档案材料必须是真实可靠的,能够客观地反映历史事件、人物和社会情况。在选材过程中,要严格筛选,排除虚假、伪造和篡改的材料,确保所选材料具有可信度和说服力。同时,还需要对材料进行必要的考证和鉴别,以确认其真实性和准确性。而典型性是指所选材料具有代表性和普遍意义,能够反映某一时期、某一事件或某一社会群体的特点。在选材过程中,要选取那些最具代表性的材料,以突出主题,使读者更好地理解历史背景和事件的发展过程。同时,还要注意材料的典型性和多样性相结合,以全面反映历史事件和社会情况。此外,适用性是指所选材料符合编研工作的需要,能够为后续的编研工作提供必要的基础和支持。在选材过程中,要根据编研工作的目的和要求,选取那些与主题相关、具有代表性的材料。同时,还要注意材料的可获取性和可利用性,以确保后续工作的顺利进行。另外,完整性是指所选材料内容完整、信息全面。在选材过程中,要尽可能选取内容完整、信息全面的材料。同时,还需要对材料的缺失和不足进行必要的补充和完善,以确保材料的完整性和可靠性。

## （二）选材步骤

档案编研工作是深度开发档案信息资源，服务于社会科学研究、决策参考及历史文化传承的重要环节。其中，选材步骤是档案编研工作的核心，包括初选、复选和定选三个紧密相连的阶段，每个阶段都承载着特定的功能与任务，确保最终编研成果的科学性、针对性与价值性。首先，初选阶段是对档案资料进行全面梳理和初次筛选的过程。这一阶段的主要任务是对馆藏档案进行系统的普查和分析，依据编研主题的需求，广泛收集可能相关的原始档案文献。初步筛选时，工作人员需要秉持全面性和相关性的原则，不遗漏任何可能含有重要信息的档案材料，同时剔除明显与主题不符或价值较低的档案。这个阶段的工作量大、范围广，需要编研人员具有扎实的专业知识基础和敏锐的信息洞察力。其次，复选阶段是在初选基础上的深化和细化。在大量初选出的档案资料中，编研人员需要对每一份档案进行深入解读和细致评估，考量其内容的独特性、完整性、权威性以及与编研主题的契合度。复选过程中，不仅要关注档案内容本身的价值，还要考虑其与其他档案之间的关联性和互补性，力求形成一个逻辑严密、信息丰富的档案集合体。此外，复选还需要兼顾法律法规对于档案公开使用的限制，确保所选档案的合法合规性。另外，定选阶段则是对复选结果的再次确认和完善。此阶段的工作重心在于优化档案组合，根据编研项目的整体框架和目标要求，对经过复选的档案资料进行最后的甄别与取舍，确定最终入选编研项目的档案清单。选定阶段还需要充分考虑预期读者群体的需求和接受程度，力求使编研成果既满足学术研究的严谨性，又能引发广大受众的关注和兴趣。

档案编研的选材步骤是一个由粗到细、由全到精、由浅入深的系统过程，每一个阶段都有其不可替代的作用，共同构成了档案价值挖掘与信息传播的有效路径。通过初选、复选和定选这三个环节的有序衔接和精准操作，才能确保档案编研工作的高质量推进，最大化地发挥档案信息资源的社会效益与文化价值。

## 四、档案编研材料的加工

### （一）加工原则

档案编研工作是档案馆（室）工作的重要环节，它是以馆（室）藏档案资料为基础，以研究档案内容为前提，通过科学的方法和手段，对档案文献进行再加工的过程。档案编研成果的质量如何，直接关系到档案事业的发展，关系到历史研究的质量和水平。因此,搞好档案编研工作至关重要。要使档案编研成果产生最大的社会效益,在加工过程中必须遵循以下原则:尊重历史,实事求是,是档案编研工作必须遵循的基本原则。在编研过程中,要忠于档案原稿,忠于历史事实,不能任意篡改原文,不能为追求作品的完美而歪曲或篡改历史的真实面貌。对于某些重大事件或涉及个人隐私等不宜公开或不实之词,更不能随意公开或传播。对某些重大事件或重要人物在编写过程中要注重突出重点,分清主次,不能事无巨细、面面俱到。对于一些不完整、不系统、不准确的档案材料,要加以甄别和选择,不能简单地罗列和堆砌。

在编研过程中,要注意突出地方特色和馆藏特色。地方特色是指一个地区在政治、经济、文化等方面所具有的历史渊源和文化积淀。馆藏特色是指一个档案馆在长期的发展过程中所形成的独具特色的档案资源。在编研过程中,要根据本地区的特点和馆藏实际,有针对性地选择一些具有代表性的特色专题进行深入研究,形成具有地方特色的编研成果。同时,要根据社会需求和馆藏实际,突出重点,分清主次,合理安排编研计划和选题。

系统整理、科学分类是搞好档案编研工作的基础。只有对档案材料进行系统整理、科学分类,才能使档案编研成果达到系统性、准确性和完整性的要求。因此,在编研工作中要根据不同类型档案的特点和规律,采用不同的分类方法进行科学分类。同时,还要对分类后的档案材料进行系统整理,使每一类档案材料都形成一个完整的体系。

深入挖掘、体现价值是档案编研工作的根本目的。在编研过程中,要注重对档案材料进行深入挖掘和提炼,充分体现档案的价值和作用。同时,还要注重对档案材料进行多角度、多层次的分析和研究,挖掘出更多的信息和价值点。对于一些零散的、不系统的档案材料,要通过科学的方法进行整合和提炼,使其形成有价值的编研成果。

创新形式、丰富载体是提高档案编研成果质量和水平的重要手段。在编研过程中,要根据不同的题材和内容选择不同的形式和载体进行表现。同时,还要注重对传统载体和形式进行创新和改进,使其更加符合时代发展和读者需求。比如,可以采用图配文的形式来表现一些具有较高价值的照片档案;可以采用多媒体的形式来表现一些具有较强动态感和现场感的音像档案等。通过创新形式和丰富载体,可以使档案编研成果更加生动形象、易于理解和接受。

（二）加工的内容和方法

档案编研工作的内容和方法是档案编研人员需要掌握的基本知识和技

能,它包括了对档案材料的选择、分类、整理、研究和编辑等一系列过程,目的是将原始的档案材料转化为有价值的编研成果,为经济建设和社会发展提供服务。在档案编研工作中,选择合适的档案材料是至关重要的。编研人员需要根据编研的目的和要求,从大量的档案材料中选择出具有代表性、典型性和价值的材料。选择过程中需要考虑材料的真实性、完整性和准确性,以确保编研成果的质量和可靠性。分类和整理是档案编研工作的基础环节。分类主要是按照一定的标准和方法,将选定的档案材料进行分类、分组和排列,以便于查找和使用;整理则是对分类后的材料进行进一步的加工和处理,使其更加有序、规范和易于利用。研究是档案编研工作的核心环节。编研人员需要对整理后的档案材料进行深入的分析和研究,挖掘出其中的价值和意义。研究可以采用定量分析和定性分析相结合的方法,对材料进行多角度、多层次的分析和研究,以揭示其内在的联系和规律。编辑是档案编研成果的最终体现。编研人员需要根据研究结果,编写出具有逻辑性、条理性和规范性的编研成果。编辑过程中需要注意语言的准确性和表达的清晰性,同时还要注重形式的多样性和美观性,以提高编研成果的可读性和吸引力。

编研工作需要以理论为指导,同时又要在实践中不断探索和创新。编研人员需要不断学习新的理论和方法,结合实际情况进行实践和尝试,以提高编研工作的水平和质量。而档案材料是历史的记录,但编研工作要服务于现实和社会发展。因此,编研人员需要从历史的角度出发,结合现实情况进行研究和编写,以使编研成果具有现实意义和价值。在档案编研工作中,传统的方法和手段仍具有一定的价值和意义,但随着科技的发展和社会的进步,现代化的技术和手段也不断涌现。因此,编研人员需要注重传统与现代相结合,积极探索新的技术和手段,以提高编研工作的效率和质量。此外,档案编研工作既需要个人的独立思考和创新,也需要团队的协作和配合。因此,编研人员需要注重个人与团队相结合,发挥个人优势,同时又要注重团队协作,共同完成编研任务。

（三）分类编排

在档案编研工作中,分类编排是至关重要的环节。它不仅涉及对档案文献的整理和组织,更是关系到编研成果的质量和可用性。因此,对于档案编研人员来说,掌握分类编排的原则和方法是十分必要的。首先,分类编排的核心目的是将档案文献组成一个条理清晰、层次分明的有机整体,通过分类编排,可以确保每份档案文献在编研成果中的位置得以固定,从而系统地反映题目的内容。这样不仅便于读者的查找和利用,还有助于提高编研成果的逻辑性和可读性。在分类编排过程中,确定合适的体例是首要任务。体例是编研成果的总体框架和组织形式,它决定了档案文献的呈现方式和布局。选择合适的体例至关重要,因为它关系到整个编研成果的结构和形式。根据编研成果的内容和目的,以及目标读者的需求,选择最为合适的体例是分类编排成功的关键。接下来是档案文献的分类和排列。分类是根据档案文献的内容和特点,将其划分成不同的类别或组别。分类的过程需要遵循科学、系统、实用的原则,确保各类别之间界限明确、不重叠。分类的依据多种多样,常见的包括时间、主题、来源等。选择合适的分类依据对于确保分类的准确性和合理性至关重要。排列是在分类的基础上,对各类别的档案文献进行顺序的安排。排列的过程需要遵循逻辑性和条理性的原则,确保各类档案文献的排列顺序合理、易于理解。同时,还需要考虑读者的阅读习惯和需求,以便于他们快速找到所需信息。在排列过程中,可以运用各种顺序法和分组法等技巧,以提高编研成果的组织性和易用性。除了确定体例、分类和排列外,还需要注意一些其他因素。例如,保持客观性,确保编研成果的真实性和可信度;突出主题,使读者能够快速理解编研成果的核心内容;便于检索,设置合理的目录、索引等检索工具;保持连贯性,避免内容上的断裂和矛盾;以及适应时代发展,关注最新的发展趋势并运用现代化的手段和方法提高编研成果的创新性和适应性。

## (四)辅文编写

档案编研成果是档案工作的重要组成部分,它通过对档案的整理、研究、分析和编辑,将原始档案转化为有价值的参考资料。除了正文,即档案文献或根据档案文献而编写的参考资料外,档案编研成果还需要有相应的辅助性材料。这些辅文对于帮助利用者更好地理解和利用编研成果的内容具有重要作用。

首先,辅文可以根据其性质和功能分为几类。注释、按语、序言等属于评述性材料,它们对正文内容进行解释、说明或评价,帮助读者更好地理解编研成果的含义和背景。例如,注释可以用来解释正文中的专业术语或提供相关背景信息,按语则可以对正文中某些内容进行强调或补充说明,而序言则可以对整个编研成果进行概括和介绍。其次,年表、插图、备考、编辑说明等属于查考性材料。这些辅文提供了一些额外的信息,以帮助读者更好地了解和利用编研成果。年表可以列出相关事件的时间线,插图可以直观地展示某些内容,备考可以提供额外的数据或事实,编辑说明则可以对编辑过程进行简要说明。另外,目录、索引等属于检索性材料。它们为读者提供了快速查找和利用编研成果内容的途径。目录可以列出正文中各章节的标题,索引则可以列出关键词、人名、地名等相关信息,方便读者进行查找。

这些辅文在档案编研成果中具有不可替代的作用。它们不仅可以帮助读者更好地理解编研成果的内容,还可以提供额外的信息和工具,使读者能够更加方便地利用这些成果。因此,在档案编研工作中,应当充分重视辅文的作用,并认真编写相关的辅文材料,以提高编研成果的质量和利用价值。此外,随着数字化技术的发展,档案编研成果的辅文还可以以数字化的形式呈现。数字化辅文具有许多优点,如易于存储、传输和检索,可以大大提高编研成果的利用效率和范围。因此,在未来的档案编研工作中,应当积极探索数字化辅文的制作和应用,以适应时代发展的需要。

## 五、档案展览概述

### (一)档案展览的作用

通过档案展览,公众可以更直观地了解档案的历史、文化和价值,加深对档案重要性的认识。展览中的互动环节还能激发公众的兴趣和好奇心,引导他们主动了解和探索档案的内容。而且,档案展览是展示档案资源的重要平台,有助于吸引更多的利用者。通过展览,档案部门可以向公众展示档案的丰富性和多样性,激发利用者的兴趣,促进档案的开放和利用。并且,档案展览可以成为学术交流的重要场所。在展览中,学者、专家和研究者可以展示自己的研究成果,分享学术观点,促进学术交流和合作。此外,展览还可以为学者和研究者提供珍贵的研究资料和素材,推动相关领域的研究进展。而且,档案展览的策划和实施过程有助于提高档案管理水平。在展览筹备过程中,档案工作者需要对档案进行整理、分类、编目和编撰说明等,这些工作可以促进他们对档案的深入了解和研究。此外,通过展览的反馈和评价,档案工作者可以了解公众的需求和意见,进一步改进和完善档案管理与服务。另外,档案展览是弘扬历史文化的重要途径。通过展示具有历史和文化价值的档案,可以为公众呈现历史的真实面貌,传承和弘扬优秀传统文化。此外,档案展览还可以为文化创意产业提供灵感和素材,推动文化创新和发展。不仅如此。档案展览可以成为凝聚社会共识的平台。通过展示共同的历史记忆和社会发展历程,可以增强社会凝聚力和向心力。此外,展览还可以促进不同群体之间的交流与理解,减少社会矛盾和冲突。

随着数字化技术的不断发展,档案展览可以与数字化建设相结合,通过数字化展示手段,如虚拟展厅、数字博物馆等,可以提供更加丰富、生动和便捷的展览体验。同时,数字化建设还有助于提高档案管理的效率和安全性,促进档案事业的可持续发展。

## （二）档案展览的形式

长期性的档案展览是指那些持续时间较长，通常以年为单位，有时甚至可以持续数年。这种形式的展览旨在全面、深入地展示某一主题或特定历史时期的档案，为观众提供一个系统、全面的了解和认识。长期性的档案展览通常需要投入大量的人力、物力和财力，因为它们需要长时间地策划、组织和实施。然而，这种形式的展览也有其独特的优点。首先，长期性的档案展览可以吸引稳定的观众群体，让他们在较长的时间内逐渐深入了解和欣赏档案的文化价值。其次，长期性的档案展览可以成为城市或机构的文化名片，吸引更多的游客和访客前来参观。与长期性的档案展览不同，临时性的档案展览则是指那些持续时间较短，通常以周、月或季度为单位。这种形式的展览通常以特定主题、事件或人物为中心，展示相关的档案资料。临时性的档案展览通常具有时效性，能够及时地反映社会热点和时代背景。此外，临时性的档案展览还可以作为长期性展览的补充或预热，为观众提供更加多样化和新鲜感的观展体验。

在实践中，长期性的档案展览和临时性的档案展览各有优劣。长期性的档案展览可以提供系统、全面的档案展示，而临时性的档案展览则可以更加灵活地反映社会热点和时代变化。因此，在策划档案展览时，应根据实际情况进行选择和平衡。同时，为了提高展览的效果和影响力，还可以考虑将长期性的档案展览与临时性的档案展览相结合，形成一种"常展+特展"的模式。在这种模式下，长期性的展览可以稳定地吸引观众，而临时性的展览则可以增加观众的新鲜感和参与度。此外，无论是长期性的档案展览还是临时性的档案展览，都需要注重观众的参与和互动。通过设置互动环节、组织活动等方式，可以增强观众的参与感和体验感，提高展览的效果和质量。同时，通过观众的反馈和评价，还可以不断改进和完善展览的内容和形式，更好地满足观众的需求和期望。

## 六、档案展览的筹办

### （一）编写展览大纲

在编写展览大纲过程中，我们需要深入理解展览主题的内涵和外延，并根据展品的状况提出具有逻辑联系的展品内容。展览大纲不仅要反映主题，还要考虑展品的展示形式，确保展品能够有效地传达主题信息。首先，展览主题是档案展览的灵魂，是办展的主旨。选好主题是办好档案展览的基础，它关系到展览能否成功和展览目的能否实现。因此，选题是展览大纲的关键环节。

在选题时,我们需要综合考虑展览的目的、档案的特点、广大受众群体的需求和人才队伍以及经费状况等诸多因素。展览目的决定了展览的方向和定位。在选题时,我们需要明确展览的目的,例如,宣传档案文化、增强公众档案意识,还是展示特定历史时期的档案资料等。只有明确了目的,才能有针对性地策划展览内容。档案的特点是选题的重要依据。不同类型、不同主题的档案具有不同的特点和价值。在选题时,我们需要充分了解档案的特点和价值,挖掘档案中的亮点和故事,以吸引观众的注意力。

受众群体的需求也是选题的重要考虑因素。不同类型的受众群体对档案展览的需求和兴趣不同。在选题时,我们需要针对目标受众群体进行市场调研和分析,了解他们的需求和兴趣,从而制定相应的展览方案。人才队伍和经费状况也是选题的重要考虑因素。不同主题的展览需要不同的人才队伍和经费支持。在选题时,我们需要充分考虑人才队伍的素质和能力,以及经费状况的实际情况,以确保展览能够顺利实施。

在综合考虑以上因素的基础上,我们还需要进一步细化展览主题,制定具体的展览方案。包括展品的选择、展示形式的设计、互动环节的组织等。同时,还需要根据实际情况及时调整和完善展览方案,以确保展览能够达到预期的效果和目的。

## (二)布展

布展是将档案展览付诸实施的重要环节,它直接关系到档案展览的质量和效果。布展工作需要综合考虑展览主题、展品选择、展示形式、空间布局等多个方面,力求通过巧妙的布局和设计,将档案的历史价值和文化内涵充分展现出来,给观众留下深刻的印象。在布展过程中,首先需要根据展览主题来确定展品的范围和选择标准。对于展品的选择,需要从大量的档案资料中挑选出最具代表性、最能反映主题的精品,确保展品的质量和价值。同时,还需要根据展品的特性和展示目的,选择合适的展示方式,如展板、展柜、多媒体等,使展品能够以最佳的方式呈现给观众。除了展品的选择和展示方式的设计外,布展还需要考虑空间布局和参观路线。合理的空间布局能够让展览看起来更加整洁、有序,同时还能引导观众按照一定的路线参观,提高观众的参观体验。在布局设计时,需要考虑展品的排列顺序、展示区域的划分、灯光照明等因素,力求营造出一个舒适、自然的参观环境。

此外,布展还需要注重与观众的互动和参与,而且布展还需要考虑后期的维护和管理。对于一些需要特殊保护的档案,需要采取相应的保护措施,如恒温恒湿控制、防尘防虫等措施,确保档案的安全和完整。同时,还需要定期对展览进行检查和维护,及时修复和更换损坏的展品和设备,保持展览的长期性和稳定性。

## (三)展览宣传

展览宣传是展览策划和实施过程中不可或缺的一环,其主要目的是扩大展览的影响力,引起社会的广泛关注,并吸引更多观众前来参观展览。为了实现这一目标,展览宣传需要借助各种媒体手段进行广泛的传播和推广。首先,召开新闻发布会是一种有效的展览宣传方式。通过新闻发布会,主办方可以向媒体和公众发布展览的相关信息,包括展览的主题、时间、地点、展品等。在新闻发布会上,还可以邀请知名专家、学者或相关人士发表演讲或接受采访,以增加展览的权威性和影响力。此外,新闻发布会还可以邀请媒体记者参加,让他们了解展览的内容和亮点,并让他们在展览开幕前进行报道,进一步扩大展览的影响力。其次,在报纸、广播、电视、互联网等媒体上发布广告也是展览宣传的重要手段。通过广告的传播,可以将展览的相关信息传递给更广泛的受众群体。在广告设计方面,要注意突出展览的亮点和特色,强调展览的价值和意义,同时还要注明展览的参观办法和开放时间等具体信息。此外,根据不同的媒体平台和受众群体,还需要制定有针对性的广告策略和创意表现形式,以提高广告的传播效果和观众的关注度。

除了广告和新闻发布会之外,还有其他多种展览宣传方式。例如,可以在社交媒体平台上发布展览的相关信息和动态,与观众进行互动交流;可以在公共场所如公园、商场等设置宣传展板和横幅等,吸引行人的关注;可以组织相关活动如开幕式、文化讲座、导览参观等,吸引观众参与并增强他们对展览的兴趣。总之,展览宣传是展览策划和实施过程中至关重要的一环。通过有效的宣传手段和策略,可以扩大展览的影响力和知名度,吸引更多观众前来参观。同时,宣传过程中还要注意突出展览的亮点和特色,强调展览的价值和意义,以使观众产生亲临观展或参与的强烈愿望。

## (四)展览观众的组织与管理

展览观众的组织与管理是档案展览中不可或缺的一环,它不仅关系到展览的效果和影响力,更直接影响到观众的参观体验和文化收获。因此,对于档案展览的主办方来说,如何有效地组织和管理观众,是他们需要重点关注和解决的问题。首先,观众的组织需要充分考虑观众的需求和心理预期。不同的观众对于档案展览的需求和兴趣点是不同的,因此,在组织观众的过程中,需要针对不同类型的观众制定不同的策略。例如,对于学生群体,可以通过学校进行集体组织,而对于社会公众,则可以通过各种媒体宣传和活动来吸引他们前来参观。此外,在组织观众的过程中,还需要考虑到观众的心理预期,例如,对于珍贵档案的展示和保护、展览的环境和设施等方面的要求,以提供更好的参观体验。其次,展览参观的管理也是非常重要的。一个有序、安全的参观环境是观众获得良好参观体验的前提。因此,主办方需要制定相应的管理制度和规定,例如参观须知、禁止携带物品等,以确保展览的秩序和安全。同时,在展览现场,需要设置相应的设施和服务,例如导览服务、咨询台、休息区等,以满足观众的不同需求。此外,对于一些特别珍贵的档案,需要进行特别保护和管理,以确保它们的安全和完好。另外,提高观众的参与度和互动性也是非常重要的。通过设置各种互动环节和活动,可以让观众更加深入地了解档案的历史和文化内涵,增强他们的参与感和体验感。例如,可以设置互动展示台、组织现场讲解、开展互动游戏等,让观众能够更加近距离地接触和了解档案。同时,这些互动环节和活动也可以为观众提供一个更加愉悦、有趣的参观体验。

此外,为了更好地满足观众的需求和提高他们的满意度,还需要对观众进行调查和分析。通过调查问卷、现场采访等方式,可以收集观众对于展览的意见和建议,了解他们的需求和期望。根据调查结果,可以对展览进行相应的改进和完善,提高展览的质量和效果。同时,这些数据也可以为主办方提供重要的市场信息和决策依据。

# 第五章　电子档案管理系统与应用

## 第一节　电子档案的概述

### 一、电子档案概述

#### (一)电子档案的定义

在信息时代,随着计算机技术、网络技术和数据存储技术的飞速发展,档案的形态和存储方式也发生了深刻的变化。电子档案,作为这一变化的产物,已经逐渐成为现代档案管理的重要组成部分。电子档案的定义,是理解和研究电子档案的基础,因此,具有重要学术价值。

电子档案,通常也被称为数字档案,电子档案是一种通过计算机生成、处理和存储的档案信息形态,主要是指通过计算机生成、处理、存储的档案信息。这些信息以二进制代码的形式存在,可以存储在各种电子介质中,如硬盘、光盘、闪存等。电子档案的内容可以是文字、图像、声音、视频等各种形式的数据。

#### (二)电子档案的发展历程

电子档案的发展是一个长期的过程,与计算机技术、数据存储技术和网络技术的进步密切相关。从早期的磁带和软盘存储到现在的云存储和人工智能技术应用,电子档案的管理和利用方式发生了深刻的变化。了解电子档案的发展历程,有助于我们更好地理解其现状和未来趋势。

**1. 电子档案的早期发展**

(1)电子计算机的出现:20 世纪 40 年代,电子计算机的出现为电子档案的发展提供了技术基础。早期的计算机主要用于科学计算,并未涉及档案管理的应用。

(2)磁带与软盘的存储:随着技术的发展,磁带和软盘等磁性存储介质开始被用于存储数据。这为电子档案的存储提供了可能性,但存储容量和传输速度有限。

**2. 个人计算机时代的电子档案**

（1）硬盘存储的普及：随着个人计算机的普及，硬盘存储逐渐成为主流的存储方式。硬盘存储具有更高的存储容量和更快的读写速度，为电子档案的发展提供了更好的条件。

（2）办公软件与电子文档：随着办公软件如 Microsoft Office 的普及，电子文档逐渐取代了传统的纸质文档。电子文档易于编辑、传输和存储，进一步推动了电子档案的发展。

**3. 互联网与云计算时代的电子档案**

（1）网络技术的发展：随着互联网的普及和发展，电子档案可以通过网络进行传输和共享，极大地扩展了其应用范围。同时，网络技术也带来了安全和隐私保护的新挑战。

（2）云计算技术的应用：云计算技术的发展为电子档案提供了更加灵活和高效的存储和管理方式。通过云存储，可以实现数据的集中管理、按需访问和实时备份。

**4. 人工智能与大数据时代的电子档案**

（1）人工智能技术的应用：人工智能技术如自然语言处理和机器学习在电子档案中的应用，可以实现智能分类、智能检索和智能分析等功能，进一步提高电子档案的管理效率和利用价值。

（2）大数据技术的应用：大数据技术可以对海量的电子档案数据进行处理和分析，挖掘出有价值的信息，为决策制定、趋势预测等提供支持。

## （三）电子档案的重要性

电子档案作为信息技术和档案管理的产物，在现代社会中具有不可忽视的重要性。它不仅改变了传统的档案管理方式，还为信息时代的社会发展提供了强大的支撑。它通过高效的信息处理、资源共享、决策支持、文化传承、信息安全等方面的价值，为社会的发展提供了强大的支撑。因此，我们应当充分认识电子档案的重要性，加强电子档案管理的研究和实践，以适应信息时代对档案管理的新要求。同时，还需要不断完善相关法规和标准，加强电子档案管理的人才队伍建设和技术研发，以保障电子档案的可持续发展和应用。

**1. 电子档案对信息时代的重要性**

（1）信息高效处理：电子档案利用计算机技术，实现了档案信息的高效录入、存储、检索和处理。这大大提高了档案管理的工作效率，满足了信息时代对海量数据处理的需求。

（2）资源共享与远程传输：电子档案可以通过网络实现快速传输和跨地域共享，打破了传统档案利用的时空限制。这有助于促进信息的传播和交流，推动了社会的信息化进程。

（3）决策支持与知识挖掘：电子档案中蕴藏着丰富的信息资源，通过数据分析和知识挖掘，可以提取出有价值的信息，为决策制定提供科学依据。此外，电子档案还有助于构建机构或个人的知识管理体系，提升知识管理水平。

（4）文化传承与创新：电子档案作为文化遗产的数字化载体，对于保护和传承历史文化遗产具有重要意义。同时，电子档案也有助于文化内容的创新和再利用，促进文化多样性和文化创意产业的发展。

（5）信息安全与隐私保护：电子档案通过加密、权限控制等技术手段，能够有效地保护档案信息的安全和用户的隐私。这有助于维护社会稳定和公共利益。

**2. 电子档案对档案管理的重要性**

（1）档案管理流程优化：电子档案改变了传统档案管理流程，实现了档案的数字化管理。这有助于减少烦琐的手工操作，提高管理效率，降低管理成本。

（2）档案长期保存与维护：电子档案的存储介质具有较长的使用寿命，且可以通过数据备份、迁移等技术手段实现档案的长期保存。这为珍贵档案的保护提供了有力保障。

（3）提升档案服务质量：电子档案的数字化和网络化特征，使得用户可以更加便捷地获取和使用档案信息。这有助于提升档案服务的品质和用户体验。

（4）促进档案资源开发利用：电子档案的数字化处理和数据分析技术，有助于深入挖掘档案资源的价值，推动档案资源的开发利用和创新。

## 二、电子档案的特点

### （一）存储介质多样性

随着信息技术的飞速发展，电子档案已经逐渐成为档案领域的主流形式。其中，电子档案的一个显著特点是其存储介质的多样性。这一特点不仅拓宽了档案的存储方式，还为电子档案的长久保存和高效管理提供了保障。通过合理选择和使用适合的存储介质，可以有效地提高电子档案的管理效率、数据安全性和长期保存能力。同时，需要关注技术更新与兼容性、数据迁移与长期保存等关键问题，以确保电子档案的可靠性和可持续性。

**1. 存储介质多样性的表现**

(1)硬盘存储:硬盘是目前最为常见的电子档案存储介质之一。它具有较高的存储密度和读写速度,因此在个人计算机和工作站等设备中广泛使用。硬盘存储适用于大量数据的快速存取和频繁访问的场景。

(2)光盘存储:光盘是一种光学存储介质,通过激光束在光盘表面刻录和读取数据。光盘的存储密度相对较低,但其优点在于低成本、易于携带和可靠性较高。光盘适用于长期归档存储和对数据安全性要求不高的场景。

(3)闪存存储:闪存是一种基于半导体技术的存储介质,具有体积小、容量大、便携性好等优点。闪存盘、SD卡等存储设备广泛应用于个人数据备份、移动办公等领域。由于其非易失性,闪存存储也适用于需要可靠存储和备份的电子档案。

(4)网络存储:网络存储是通过网络连接的存储设备进行数据存储和管理的一种方式。云存储、分布式存储等技术可以实现数据的集中管理、按需访问和实时备份等功能。网络存储适用于大量数据的远程存储和共享,以及需要灵活扩展的存储需求。

**2. 存储介质多样性的影响**

(1)灵活性:电子档案的存储介质多样性提供了不同的存储解决方案,可以根据实际需求选择适合的存储方式。这有助于满足不同场景下的存储需求,提高电子档案的管理效率和数据安全性。

(2)可扩展性:随着技术的不断进步,新的存储介质不断涌现,如固态硬盘、高容量的闪存盘等。这些新技术的出现为电子档案提供了更大的存储容量和更快的读写速度,满足了不断增长的存储需求。

(3)数据迁移与长期保存:由于电子档案的存储介质具有一定的寿命限制,因此需要进行数据迁移和长期保存策略的规划。不同存储介质的特点和寿命要求需要考虑,以确保电子档案的长久保存和可靠访问。

(4)技术更新与兼容性:随着技术的不断发展,新的存储介质和技术不断涌现,而旧的存储介质可能面临淘汰或过时的风险。因此,在选择电子档案的存储介质时,需要考虑技术的更新换代和兼容性问题,以确保数据的可读性和可访问性。

### (二)信息易于检索和处理

电子档案的另一个重要特点是其信息易于检索和处理。这一特点得益于计算机技术和数据处理的强大能力,使得电子档案的信息检索和处理速度更快、更准确,大大提高了档案的利用效率。

**1. 信息易于检索**

(1)快速检索:电子档案的检索速度远远快于传统纸质档案。通过关键词、日期、主题等字段,可以在几秒钟内检索到大量的相关档案信息,大幅缩短了检索时间。

(2)模糊检索:电子档案支持模糊检索,即通过部分关键词或近似信息也能找到相关的档案资料。这种灵活性使得用户能够更加便捷地找到所需信息。

(3)多维度检索:电子档案不仅支持文字内容的检索,还支持图像、视频、音频等多媒体信息的检索。多维度的检索方式为用户提供了更丰富的档案信息。

**2. 信息易于处理**

(1)数据处理与分析:电子档案可以轻松地进行数据处理和分析,例如数据汇总、统计、趋势分析等。这有助于挖掘档案信息的潜在价值,为决策制定提供科学依据。

(2)自动化处理:电子档案可以利用计算机程序进行自动化处理,如自动分类、格式转换、批量处理等。这大大提高了档案处理的效率和准确性。

(3)内容编辑与整合:电子档案的内容易于编辑和整合,可以通过复制、粘贴、重组等方式进行重新编排和整合。这有助于提高档案的利用价值和满足用户多样化的需求。

**3. 影响与优势**

(1)提高效率:信息易于检索和处理有助于提高电子档案的利用效率,降低管理成本和减少时间成本,使得用户能够更加快速地获取所需信息。

(2)提升价值:通过对电子档案的检索和分析,可以挖掘出隐藏在大量数据中的有价值信息,提高档案的情报价值和决策支持能力。

(3)促进共享与合作:信息易于检索和处理有助于电子档案的跨时空共享和交流,促进不同机构和部门之间的合作与协同工作。

(4)适应变化与发展:随着技术的不断进步,电子档案的信息检索和处理能力将进一步提高,满足不断变化和发展的需求。

(三)信息共享与远程传输

在信息时代,信息的共享与远程传输已成为重要的社会需求。电子档案作为数字化的信息载体,具有信息共享与远程传输的独特优势,这为其广泛应用和价值的发挥提供了重要支撑。通过高效、实时的信息共享和远程传输,电子档案打破了地理限制,促进了信息的自由流动和跨地区合作。这不仅提高了公共服务水平和经济发展速度,还有助于推动信息民主化和全球化的进程。因此,在电子档案管理中,应充分利用这一特点,加强信息共享与远程传输的能力和范围,以更好地满足社会需求和发展趋势。同时,需要关注信息安全和隐私保护问题,确保电子档案的合法合规使用和安全性。

**1. 信息共享的优势与特点**

(1)高效性:电子档案的信息共享过程通过数字网络进行,传输速度快,不受地理位置限制,大大提高了信息共享的效率。

(2)实时性:电子档案的共享过程是实时的,可以实现信息的即时传递,确保信息的新鲜度和时效性。

(3)多样性:电子档案不仅限于文本信息的共享,还可以包括图像、视频、音频等多种形式的信息,丰富了信息共享的内容和形式。

(4)交互性:通过电子档案的信息共享,可以实现多方的实时互动与交流,促进信息的交流与合作。

**2. 远程传输的特点与优势**

(1)距离无障碍:电子档案的远程传输突破了地理空间的限制,使信息可以迅速传递到世界各地,消除了地理距离带来的障碍。

(2)传输容量大:电子档案可以容纳大量信息,使得远程传输的内容更加丰富和全面。

(3)安全性保障:通过加密、权限控制等安全措施,电子档案的远程传输可以确保信息的安全性和隐私保护。

(4)自动备份与恢复:远程传输还可以作为电子档案备份的一种方式,确保数据的安全可靠和可恢复性。

**3. 影响与价值**

(1)推动信息民主化:电子档案的信息共享与远程传输有助于打破信息壁垒,促进信息的自由流动和民主化。

(2)加强跨地区合作:在跨国、跨地区合作中,电子档案的信息共享和远程传输有助于提高合作的效率和深度。

(3)提高公共服务水平:政府、教育、医疗等公共服务部门可以通过电子档案实现远程服务,提高服务质量和效率。

(4)促进经济发展:信息的快速共享与传输对于商业决策、市场分析、技术创新等方面具有重要价值,推动经济发展。

## （四）数据安全与隐私保护

电子档案在数据安全与隐私保护方面具有显著的特点和优势。通过采用先进的加密技术、完整性保护措施和访问控制机制等手段，可以确保电子档案数据的安全性和可信度；同时，通过匿名化处理、隐私保护算法和权限管理等措施，可以有效保护个人隐私不被泄露。然而，在实际应用中仍需要关注技术更新、法规政策以及用户教育等方面的挑战和问题，以不断完善和提升电子档案在数据安全与隐私保护方面的能力和水平。

**1. 电子档案的数据安全特点**

（1）数据加密技术：电子档案采用先进的加密技术，对档案数据进行加密处理，确保数据在传输和存储过程中的安全性。通过加密，即使数据被非法截获，也无法轻易解密和窃取其中的信息。

（2）完整性保护：电子档案系统采用数字签名和时间戳等技术手段，确保档案数据的完整性和真实性。任何对数据的篡改和伪造都会被系统检测并记录下来，从而保障数据的原始性和可信度。

（3）访问控制机制：电子档案系统实施严格的访问控制机制，根据用户的身份和权限设置不同的访问级别。只有经过授权的用户才能访问相应的档案数据，有效防止了未经授权的访问和数据泄露。

**2. 电子档案的隐私保护特点**

（1）匿名化处理：在电子档案中，可以对敏感信息进行匿名化处理，即去除或修改能够直接或间接识别个人身份的信息。通过匿名化处理，可以在保护个人隐私的同时，满足信息共享和数据分析的需求。

（2）隐私保护算法：电子档案系统采用隐私保护算法，如差分隐私、k-匿名等，对档案数据进行脱敏处理。这些算法能够在保护个人隐私的前提下，提供足够的数据分析价值。

（3）权限管理：电子档案系统通过权限管理机制，严格控制用户对档案的访问和操作权限。只有具备相应权限的用户才能访问敏感信息，从而确保个人隐私不被泄露。

**3. 影响与挑战**

（1）技术更新与攻击手段：随着技术的不断更新和黑客攻击手段的不断升级，电子档案面临的安全威胁也在不断增加。因此，需要持续关注技术发展动态，及时更新和完善安全防护措施。

（2）法规与政策保障：为确保电子档案的数据安全和隐私保护，需要制定和完善相关的法规和政策。通过法律手段规范电子档案的管理和使用行为,为数据安全与隐私保护提供有力保障。

(3)用户教育与培训:增强用户的安全意识和操作技能对于保障电子档案的数据安全和隐私保护至关重要。因此,需要加强用户教育和培训工作,提高用户对潜在安全风险的认知和防范能力。

### (五)环境保护与节能减排

随着全球环境问题日益严重,环境保护和节能减排已成为社会发展的重要议题。电子档案作为一种数字化的信息存储和管理方式,在环境保护和节能减排方面具有显著的优势和特点。

**1. 电子档案与环境保护**

(1)减少物质消耗:传统的纸质档案在制作、存储和运输过程中需要消耗大量的纸张、墨水等物质资源。相比之下,电子档案的存储介质如硬盘、光盘等具有较长的使用寿命,且无需消耗纸张等物质资源,从而减少了物质消耗和资源浪费。

(2)降低碳排放:电子档案的传输和共享通过网络进行,无需通过传统的物流方式进行运输。与纸质档案相比,电子档案的传输过程减少了车辆运输的碳排放,有助于减缓全球气候变化。

(3)减少废弃物产生:纸质档案在存储和管理过程中易产生废纸和过期档案等废弃物,处理不当可能对环境造成污染。而电子档案的存储介质可以重复使用,减少了废弃物的产生,有利于环境保护。

**2. 电子档案与节能减排**

(1)节能优势:电子档案的存储和管理过程无需消耗大量的电力资源。与传统的纸质档案相比,电子档案的存储和检索过程更加节能高效,有助于降低能源消耗和减少能源浪费。

(2)空间节约:电子档案的存储空间远远小于传统的纸质档案库房。通过将纸质档案数字化并存储在电子介质中,可以大幅减少纸质档案库房所需的存储空间,从而节约宝贵的建筑空间资源。

(3)节能减排潜力:随着技术的不断进步,电子档案系统的能效比将进一步提高。例如,通过优化数据中心的冷却系统、采用更高效的存储设备等措施,可以进一步降低电子档案系统的能耗,为节能减排做出更大的贡献。

**3. 影响与挑战**

(1)技术更新与能效平衡:随着技术的不断发展,新的节能技术和设备不断涌现。为了保持电子档案系统的能效优势,需要持续关注新技术的发展和应用,以平衡技术更新与能效之间的关系。

(2)法规与政策保障:制定和完善相关法规和政策,鼓励和支持电子档案的发展和应用,对于推动环境保护和节能减排具有重要意义。

(3)用户教育与培训:提高用户对电子档案的认知和接受度,加强用户教育和培训工作,使其充分认识到电子档案在环境保护和节能减排方面的优势和价值。

# 第二节 电子档案管理系统介绍

## 一、电子档案管理系统的定义

电子档案管理系统是一种用于集中管理电子档案的软件系统,旨在提供高效、便捷的档案数字化管理方案。随着数字化时代的到来,电子档案管理系统在各个领域得到广泛应用,成为档案管理现代化的重要手段。

电子档案管理系统是一种利用计算机技术、网络技术等现代化信息技术手段,对各类电子档案进行集中、统一管理的软件系统。它能够实现档案的数字化存储、检索、利用、共享等功能,提高档案管理的效率和档案的利用率。

## 二、电子档案管理系统的功能

随着信息化时代的来临,电子档案已经成为各类组织和个人进行信息管理的重要手段。电子档案管理系统作为专门用于电子档案管理的软件系统,其功能特性和实现方式对于档案管理的现代化和高效化具有决定性的影响。

### (一)电子档案的存储与管理

电子档案管理系统在数据存储和管理方面具备强大的功能。它能够实现电子档案的集中存储,即将各类档案文件统一存储在系统中,避免了分散存储的不便和数据丢失的风险。同时,系统还支持分类管理,可以根据档案的类型、属性等进行分类,方便用户对档案进行组织和检索。此外,电子档案管理系统还具备版本控制功能,可以对档案的修改历史进行记录和管理,确保数据的完整性和可追溯性。

从学术角度看,这种强大的存储和管理功能可以理解为数据存储和数据管理的延伸。为了确保电子档案的安全性、完整性和可追溯性,电子档案管理系统需要采用合理的数据结构和存储机制。数据结构的设计需要考虑到档案数据的特性和关系,以便进行高效的数据组织和检索。同时,系统还需要采用可靠的数据存储机制,确保数据在存储过程中的安全性和稳定性。可追溯性则是通过版本控制和修改历史记录来实现的,确保电子档案的每一次修改都有章可循。

### (二)检索与查询

高效的检索功能是电子档案管理系统的核心要素之一,也是其与传统档案管理方式的主要区别之一。在信息爆炸的时代,用户对于档案检索的效率和质量要求越来越高。因此,电子档案管理系统需要具备快速、准确的查询服务能力,使用户能够快速定位到所需的档案信息。

学术上,高效的检索功能涉及信息检索和数据挖掘的理论和技术。信息检索是指通过特定的算法和策略,从大量的信息中快速、准确地检索出用户所需的信息。数据挖掘则是指从大量的数据中提取出有用的信息和知识,这些技术和方法都可以应用于电子档案管理系统的检索功能中。

为了满足用户多样化的检索需求,电子档案管理系统还需要支持多种查询方式和自定义查询条件。多种查询方式包括关键词查询、模糊查询、分类查询等,用户可以根据自己的需求选择合适的查询方式。自定义查询条件则是允许用户根据自己的需求设置查询条件,进一步提高了检索的准确性和效率。

通过采用先进的信息检索和数据挖掘技术,电子档案管理系统能够提供高效、准确的检索服务,使用户能够快速找到所需的档案信息。这种高效检索功能不仅提高了档案的利用率和价值,还进一步推动了档案管理的现代化进程。

### (三)权限与安全控制

在电子档案管理系统中,权限管理是一项至关重要的功能,其目的是确保电子档案的安全性和保密性。学术上,这一功能与访问控制和网络安全理论紧密相关。访问控制是用来确定哪些用户可以访问特定资源,以及这些用户可以进行哪些操作。网络安全理论则涵盖了保护网络和数据免受未经授权的访问、使用、泄露、破坏或修改的方法和策略。

为了实现严密的权限管理,电子档案管理系统应采用角色管理和细粒度权限控制机制。角色管理是指将用户按照其职责和权限进行分组,每个角色具有不同的访问权限。通过给用户分配适当的角色,系统可以方便对用户进行权限管理。细粒度权限控制则是进一步细化对资源的访问控制,不仅可以限制用户对档案的访问,还可以限制用户对档案的具体操作,如读取、修改、删除等。

通过合理的角色管理和细粒度权限控制机制,电子档案管理系统能够实现对不同用户进行合理的权限分配。这不仅可以防止未经授权的访问和数据泄露,还可以确保电子档案不会被非法修改或删除。同时,系统还能够对用户的操作进行记录和审计,以便在出现问题时进行追溯和查证。

通过学术上深入研究和应用访问控制和网络安全理论,可以不断完善和加强电子档案管理系统的权限管理功能,为用户提供更加安全可靠的服务。

## (四)数据迁移与转换

为了实现电子档案的长期保存和跨平台利用,电子档案管理系统必须具备数据迁移和格式转换功能。这是因为随着技术的不断发展和更新换代,电子档案所依赖的软硬件环境也在不断变化。为了确保电子档案能够在不同的平台和环境中得到有效利用,系统需要能够将电子档案从旧的环境迁移到新的环境,并进行必要的格式转换。

在学术层面,数据迁移和格式转换涉及复杂的数据处理技术和算法研究。数据迁移算法需要考虑数据的完整性、一致性和可读性等因素,以确保在迁移过程中不会丢失或损坏数据。格式转换技术则需要研究不同格式之间的映射关系和转换规则,以实现自动、准确的格式转换。

因此,电子档案管理系统需要能够自动识别和处理不同格式的电子档案。通过运用先进的数据迁移算法和格式转换技术,系统可以确保数据的兼容性和一致性,使电子档案能够在不同的平台和环境中得到长期保存和有效利用。

## (五)报表生成与分析

报表生成和分析功能在电子档案管理系统中起着至关重要的作用。通过报表生成和分析,管理者可以全面了解电子档案的利用情况和档案管理工作的绩效,从而更好地进行决策和规划。

学术上,这一功能涉及数据统计和分析方法的理论支撑。数据统计是指对大量数据进行收集、整理、分析和解释的过程,目的是从数据中提取有用的信息和知识。数据分析则是指运用适当的统计分析方法对收集到的数据进行分析,以揭示其内在的规律和趋势。

为了满足实际需求,电子档案管理系统需要提供定制化的报表模板和数据分析工具。定制化的报表模板可以根据用户的需求和习惯进行设计,使得报表更加直观、易读和有用。数据分析工具则可以帮助用户进行数据挖掘和可视化分析,使用户能够更加深入地了解电子档案的利用情况和档案管理工作的绩效。

通过报表生成和分析功能,电子档案管理系统不仅可以帮助管理者更好地了解档案管理工作的情况,还可以为科学决策提供有力的支持。例如,根据报表分析结果,管理者可以制定更加合理的档案管理制度和策略,提高档案的利用率和价值。

总之,报表生成和分析功能是电子档案管理系统中不可或缺的一部分。通过学术上深入研究和应用数据统计和分析方法,可以不断完善和加强电子档案管理系统的报表生成和分析功能,为用户提供更加全面、准确、实用的信息支持。

## (六)集成与开放性

现代的电子档案管理系统不应是孤立的存在,而应与其他信息系统进行无缝对接,具备良好的集成性和开放性。学术上,这一特性与系统集成和互操作性密切相关。系统集成是指将多个独立的系统或组件集成为一个协调工作的整体的过程,而互操作性则是指不同系统之间能够相互通信、交换数据和协调工作的能力。

为了实现良好的集成性和开放性,电子档案管理系统需要采用标准化的接口和数据交换机制。标准化接口是实现不同系统之间互操作的基础,通过采用通用的数据格式和通信协议,系统可以与其他信息系统进行信息共享和流程整合。数据交换机制则可以确保数据的完整性和一致性,使得不同系统之间能够顺畅地交换数据。

通过与其他信息系统的无缝对接,电子档案管理系统可以实现档案数据的跨部门、跨组织利用。这意味着不同部门或组织之间的档案信息可以共享和互操作,提高了档案的利用率和价值。同时,这也促进了组织内部的协同工作和信息共享,提高了整体的工作效率。

通过学术上深入研究和应用系统集成和互操作性的理论,可以不断完善和加强电子档案管理系统的集成性和开放性,为用户提供更加便捷、高效的服务。

## (七)用户支持与帮助

在当今的数字化时代,用户体验成为衡量一个系统好坏的重要标准之一。因此,为了提高用户体验和降低用户的学习成本,电子档案管理系统应提供完善的用户支持与帮助功能。

学术上,提供用户支持与帮助功能涉及人机交互和用户友好的设计理念。

人机交互是指人与计算机之间的信息交换过程,强调用户界面的友好性和易用性。用户友好的设计理念则要求系统从用户的角度出发,提供易于理解和操作的功能和界面。

基于这些学术理念,电子档案管理系统应提供详尽的用户手册、在线帮助和智能提示功能。用户手册是一份详细的指南,为用户提供系统的全面介绍和使用方法。在线帮助则可以为用户提供即时的问题解答和操作指导,帮助他们解决遇到的问题。智能提示功能可以根据用户的行为和操作,提供相应的提示和建议,帮助他们高效地完成档案管理任务。

通过提供完善的用户支持与帮助功能,电子档案管理系统不仅可以帮助用户快速熟悉系统并掌握操作方法,还能提高他们的工作效率,进一步增强他们对系统的信任和满意度。

### 三、电子档案管理系统的优势

电子档案管理系统作为一种现代化的档案管理方式,相较于传统的纸质档案管理具有显著的优势。这些优势主要体现在提高管理效率、便于检索和利用、节省空间资源、增强安全性、便于备份与恢复以及促进信息共享与交流等方面。

#### (一)管理效率的提高

电子档案管理系统采用数字化的存储和处理方式,与传统的档案管理方式相比,具有显著的优势。数字化存储使得档案信息能够被长久保存,不易损坏或丢失,同时也方便了信息的检索和传输。数字化处理则大大简化了档案管理流程,提高了档案管理的效率和准确性。

学术上,这种优势主要源于系统对信息处理的自动化和智能化。自动化处理是指系统能够自动完成一些常规的、重复性的任务,如数据录入、分类整理等,从而减少了人工干预和错误率。智能化处理则是指系统具备一定的人工智能技术,能够进行智能分析、预测和决策,进一步提高档案管理的效率和准确性。

通过自动化和智能化的信息处理方式,电子档案管理系统不仅简化了档案管理流程,还提高了档案管理的效率和准确性。这为组织内部的协同工作、信息共享和决策支持提供了有力支持,有助于提高组织的整体工作效率和竞争力。

#### (二)检索和利用的便利性

电子档案管理系统具备强大的检索功能,使用户能够快速定位和获取所需的档案信息。这种便利性在学术上主要源于系统对档案数据的高效组织和索引机制。

为了实现快速、准确的检索,电子档案管理系统需要对档案数据进行合理、高效的组织。数据组织是指将数据按照一定的方式进行排列、整理和分类,以便于检索和使用。系统可以采用树形结构、标签分类等方式对档案数据进行组织,使得数据更加有序、易于管理。

除了数据组织外,索引机制也是提高检索效率的关键。索引是指为数据建立的一个目录或目录结构,使用户能够通过索引快速定位到所需的数据。电子档案管理系统可以建立多种索引方式,如全文索引、关键词索引等,以满足用户不同的查询需求。

通过高效的数据组织和索引机制,电子档案管理系统能够使用户通过多种查询条件进行快速、准确的查询。用户可以根据关键词、日期、文件类型等多种条件进行查询,系统会迅速返回匹配的结果,大大提高了检索的效率和准确性。

### (三)节省空间资源

电子档案存储在电子介质上,相较于传统的纸质档案,具有显著的优势。其中,节省存储空间是这一技术所带来的明显益处。

从学术角度看,电子档案对存储空间的优化和有效利用是其核心优势之一。传统的纸质档案需要占用大量的物理空间,而电子档案则可以将这些档案信息存储在各种电子介质中,如硬盘、光盘、云存储等。这些电子介质不仅容量大,而且存储密度高,可以存储大量的档案信息而不会占用太多的物理空间。

此外,电子档案的存储空间优势还体现在其对空间的利用上。通过数据压缩、图像处理等技术,电子档案可以进一步减少存储空间的占用。同时,通过智能分类、索引和检索功能,电子档案可以更方便地组织和查找,减少了对物理空间的依赖。

### (四)安全性增强

电子档案管理系统通过一系列安全机制,如身份认证、访问控制等,确保电子档案的安全性和保密性。这种优势在学术上主要源于系统对信息安全的深入研究和先进技术的应用。

身份认证是确保电子档案安全的第一道防线。通过用户名、密码、动态令牌等方式,系统能够确认用户身份的真实性和合法性,防止未经授权的用户访问。访问控制则是根据用户的角色和权限,限制其对电子档案的访问和操作。

这种控制可以细化到对档案的单个操作,如读取、修改、删除等,确保电子档案不会被非法修改或泄露。

除了身份认证和访问控制,电子档案管理系统还采用了一系列先进的信息安全技术,如数据加密、数字签名等,确保电子档案在传输和存储过程中的机密性和完整性。这些技术能够有效地防止未经授权的访问和数据泄露,确保电子档案的安全性和保密性。

### (五)备份与恢复的便捷性

电子档案管理系统支持自动备份和数据恢复功能,这一优势在学术上主要源于系统对数据冗余和容错技术的运用。

数据冗余是指通过复制、镜像等方式,在系统中保留多个相同或相似数据副本,以增加数据的可靠性和可用性。电子档案管理系统可以采用数据冗余技术,定期对电子档案进行备份,确保数据不会因为硬件故障、软件错误等原因而丢失。

容错技术则是为了提高系统的可靠性和稳定性,采用各种方法检测和纠正错误的技术。例如,系统可以采用 RAID 技术、热备份技术等,确保在某个部分发生故障时,数据仍然能够正常访问和存储。

通过数据冗余和容错技术的运用,电子档案管理系统能够降低数据丢失的风险,确保数据的可靠性和完整性。这种优势有助于保护组织内部的档案信息,避免因数据丢失而造成的损失和影响。这种优势有助于提高组织内部的数据管理水平,增强数据的可靠性和完整性。

### (六)信息共享与交流的促进

电子档案管理系统通过在线分享和协作功能,促进了信息的共享与交流,这种优势在学术上体现了系统对信息传播和知识管理的理论应用。

信息传播是指通过各种渠道和方式传递、交流和扩散信息的过程。电子档案管理系统通过在线分享功能,使得用户能够方便地将电子档案分享给其他用户或团队,促进了信息的横向流动和交流。这种信息传播方式突破了传统的纸质档案传播的限制,提高了档案的利用率和价值。

知识管理是组织对知识创造、获取、存储、共享和应用的过程进行规划、组织、实施和控制的管理活动。电子档案管理系统通过协作功能,为用户提供了一个知识共享和创新的平台。用户可以在系统中共同编辑、讨论和改进档案内容,促进了知识的共享和创新。这种知识管理方式有助于提高组织内部的知识水平和创新能力,进一步增强组织的竞争力。

# 第三节　电子档案的安全与管理措施

## 一、电子档案安全措施

### （一）身份认证与权限控制

电子档案安全措施是确保电子档案真实、完整、可用和保密的关键。其中，身份认证与权限控制是电子档案安全的核心组成部分，它们能够有效地防止未经授权的访问和恶意行为。

学术上，身份认证主要涉及对用户身份的确认和验证，以确保只有授权用户能够访问电子档案。常见的身份认证方法包括用户名密码、动态令牌、生物识别技术等。这些方法能够提供多层次的身份验证，确保只有合法的用户能够访问电子档案。

通过对不同用户设定不同的权限级别，可以确保电子档案的保密性和完整性。例如，某些电子档案可能只允许特定用户进行读取、修改或删除等操作。

从学术角度看，身份认证与权限控制在电子档案安全中扮演着至关重要的角色。它们通过验证用户身份和限制访问权限，能够有效地防止未经授权的访问和恶意行为，保护电子档案的真实、完整、可用和保密。同时，随着信息技术的发展，身份认证与权限控制技术也在不断演进和完善，为电子档案的安全提供了更加可靠的支持。

为了进一步提高电子档案的安全性，学术界和企业界还在不断探索和研究新的安全技术和方法。例如，区块链技术、人工智能和机器学习等方法可以为电子档案提供更加高级的安全保障，进一步防止恶意攻击和未经授权的访问。因此，对于电子档案的管理者和使用者来说，了解和掌握最新的安全技术是至关重要的。

### （二）数据加密与安全存储

数据加密与安全存储是电子档案安全措施中的重要环节，旨在确保电子档案在存储、传输和处理过程中的机密性和完整性。

学术上，数据加密是通过特定的算法和密钥对电子档案进行加密处理，使其在未授权的情况下无法被读取或篡改。数据加密技术有多种，包括对称加密、非对称加密和混合加密等。这些技术可以根据数据的敏感程度和安全需求选择合适的加密方法和强度,以最大程度地保护电子档案的安全。

安全存储则涉及将电子档案存储在可靠、安全的介质和环境中,防止数据丢失、损坏或被非法访问。学术上,安全存储要求采用高可靠的硬件设备、冗余技术和灾难恢复计划等措施,确保电子档案的持久性和可用性。此外,数据加密与安全存储还需要遵循相关的安全标准和最佳实践,例如 ISO 27001、NIST SP 800-53 等,以确保电子档案的安全性得到充分保障。

数据加密与安全存储在电子档案安全中具有重要意义。通过数据加密,可以有效地防止电子档案在传输和存储过程中被窃取或篡改,确保其机密性和完整性。而安全存储则能够提供可靠、持久的电子档案存储环境,降低数据丢失的风险。

为了应对不断演变的网络威胁和攻击手段,学术界和工业界正在不断研究和探索新的数据加密和安全存储技术。例如,量子计算技术的发展对传统的数据加密技术提出了新的挑战和机遇。因此,不断更新和升级数据加密与安全存储技术是确保电子档案安全的重要方向。

### (三)防止数据泄露与恶意攻击

防止数据泄露与恶意攻击是电子档案安全措施的重要组成部分,旨在保护电子档案免受未经授权的访问、泄露和恶意篡改等风险。

学术上,防止数据泄露的主要方法包括数据加密、访问控制、安全审计和监控等。数据加密是通过对电子档案进行加密处理,使其在传输和存储过程中无法被非授权用户读取。访问控制则是通过身份认证和权限控制,限制用户对电子档案的访问权限,防止敏感数据的泄露。同时,安全审计和监控能够及时发现和应对潜在的安全威胁,防止数据泄露事件的发生。

恶意攻击是电子档案面临的主要安全威胁之一,包括网络攻击、病毒、勒索软件等。为了应对这些攻击,需要采取一系列的安全措施,如建立完善的安全防御体系、及时更新防病毒软件、定期备份电子档案等。此外,加强电子档案的安全管理和培训,增强用户的安全意识和操作技能也是防止恶意攻击的重要手段。

防止数据泄露与恶意攻击对于保护电子档案的安全至关重要。通过采取有效的安全措施和技术手段,可以降低电子档案遭受未经授权的访问、泄露和恶意篡改的风险,确保电子档案的真实、完整、可用和保密。

学术界和工业界正在不断研究和探索新的防止数据泄露与恶意攻击的技术和方法。例如,人工智能和机器学习在安全领域的应用,可以自动识别和应对潜在的安全威胁。同时,随着云计算和大数据技术的不断发展,如何确保电子档案在云端和大数据环境中的安全也成为研究的热点问题。因此,不断更新和升级防止数据泄露与恶意攻击的技术和方法是确保电子档案安全的重要方向。

### (四)定期安全审计与监控

定期安全审计与监控是电子档案安全措施的重要组成部分,旨在持续评估和监测电子档案的安全状况,及时发现和应对潜在的安全威胁。

学术上,安全审计是对电子档案安全相关的活动、系统和数据进行全面、独立的审查和评估,以确认其安全性、可靠性和合规性。审计范围可以涵盖电子档案的存储、传输、处理和利用等各个方面,通过检查安全策略的执行情况、发现潜在的安全漏洞和评估风险等手段,确保电子档案的安全性。

监控则是通过技术手段实时监测电子档案的安全状况,及时发现异常行为和安全事件。监控系统可以监测网络流量、系统日志、用户行为等信息,通过分析这些信息,能够及时发现未经授权的访问、数据泄露、恶意攻击等安全威胁。同时,监控系统还可以触发报警和应急响应,以便及时应对和处理安全事件。

定期安全审计与监控对于保护电子档案的安全至关重要。通过持续评估和监测电子档案的安全状况,可以及时发现和应对潜在的安全威胁,降低电子档案遭受未经授权的访问、泄露和恶意篡改的风险。同时,安全审计与监控还可以提供关于电子档案安全性的客观证据和改进建议,帮助组织不断完善和提升电子档案的安全管理水平。

学术界和工业界正在不断研究和探索新的安全审计与监控技术和方法。例如,大数据分析和人工智能等技术的应用,可以提高安全审计与监控的效率和准确性。同时,随着云计算和移动设备的普及,如何确保电子档案在云端和移动环境中的安全也成为研究的热点问题。因此,不断更新和升级定期安全审计与监控的技术和方法是确保电子档案安全的重要方向。

## 二、电子档案管理措施

### (一)档案分类与组织

档案分类与组织是电子档案管理的重要环节,有助于提高电子档案的管理效率和利用价值。

学术上,档案分类是根据电子档案的内容、特征和利用需求,将其进行分类、标引和著录的过程。分类的目的是将电子档案按照一定的逻辑体系进行组织,使其更加有序、易于检索和利用。组织则是将分类后的电子档案按照一定的顺序、结构和关系进行排列,便于用户快速定位和获取所需档案。

档案分类与组织在电子档案管理中具有重要意义。通过合理的分类与组织,可以提高电子档案的管理效率,便于档案的存储、检索和利用。此外,清晰的分类与组织还能够提高电子档案的利用价值,为用户提供更加精准、便捷的服务。

为了实现有效的档案分类与组织,需要遵循一系列的原则和方法。首先,应确保分类与组织的科学性,即根据电子档案的特点和利用需求制定合理的分类标准和方法。其次,应注重分类与组织的可操作性,确保分类与组织的实施简便易行,适应实际工作需求。此外,还应遵循国际和国内的相关标准与规范,如 ISO 27001、DAITSS 等,以确保电子档案管理的标准化和规范化。

学术界和工业界正在不断研究和探索新的档案分类与组织技术和方法。例如,语义网、本体论和人工智能等技术手段的应用,可以提高电子档案的自动分类与组织的准确性和效率。此外,随着云计算和大数据技术的发展,如何更好地管理和利用海量电子档案也成为研究的热点问题。因此,不断更新和升级档案分类与组织的技术和方法是确保电子档案有效管理的重要方向。

## (二)档案备份与恢复

电子档案管理措施是确保电子档案的真实性、完整性、可用性和保密性的关键。其中,档案备份与恢复是电子档案管理的核心环节,旨在防止电子档案丢失、损坏或被篡改,并确保在发生意外的情况下能够及时恢复电子档案。

学术上,档案备份是通过创建电子档案的副本或镜像,将其存储在安全可靠的存储介质上,以防止原始档案遭受损坏或丢失。备份是电子档案管理的基石,能够有效地降低电子档案丢失的风险。同时,备份的创建、存储、维护和管理都需要遵循严格的安全和保密原则,确保备份数据的安全性和保密性。

恢复则是当电子档案遭受损坏或丢失时,通过使用备份数据来重新建立电子档案的过程。恢复的目的是将电子档案恢复到损坏或丢失之前的状态,确保其真实性和完整性。恢复的过程需要具备专业的技术和知识,以确保恢复的数据与原始数据一致,并尽可能地减少数据丢失和损失。

档案备份与恢复在电子档案管理中具有重要意义。通过定期备份和有效恢复,可以降低电子档案丢失和损坏的风险,确保电子档案的真实性和完整性。同时,备份与恢复还能够提高电子档案的可用性,确保在意外情况下电子档案仍能被访问和使用。

为了实现有效的档案备份与恢复,需要遵循一系列的原则和方法。首先,应制定合理的备份策略,包括备份频率、备份介质、备份方式等,以满足电子档案管理的需求。其次,应确保备份数据的安全性和可靠性,采取适当的加密、校验和保护措施,防止备份数据被篡改或损坏。此外,还应建立完善的恢复计划和流程,明确恢复责任人、恢复流程和技术手段等,以确保在需要时能够及时有效地恢复电子档案。

学术界和工业界正在不断研究和探索新的档案备份与恢复技术和方法。例如,云存储和分布式存储技术为电子档案备份提供了新的解决方案,能够实现高效、可靠和安全的数据存储和备份。同时,随着数据量和数据类型的不断增加,如何有效地管理和利用备份数据也成为研究的热点问题。

### (三)档案版本控制与更新

档案版本控制与更新是电子档案管理的重要环节,对于维护电子档案的准确性和一致性具有重要意义。

学术上,版本控制是对电子档案变更历史的记录和管理,用于跟踪和记录电子档案在不同时间点的状态和内容。通过版本控制,可以有效地管理电子档案的变更历史,追溯其演变过程,并确保不同版本之间的准确性和一致性。

更新则是根据电子档案的使用需求和管理要求,对电子档案的内容和元数据进行修改和完善的过程。更新操作应当遵循严格的管理规范和操作流程,确保电子档案的真实性和完整性。同时,更新操作应当记录在版本控制系统中,以便对电子档案的变更进行跟踪和审计。

档案版本控制与更新在电子档案管理中具有重要意义。通过有效的版本控制和更新管理,可以确保电子档案的准确性和一致性,提高其可用性和可靠性。同时,版本控制与更新还能够降低电子档案管理的风险,提高电子档案的完整性和可靠性。

为了实现有效的档案版本控制与更新,需要遵循一系列的原则和方法。首先,应建立完善的版本控制系统,明确版本控制的规则和流程,以确保电子档案的准确性和一致性。其次,应加强电子档案更新的管理和监督,制定更新的标准和规范,并确保更新操作符合相关法规和标准的要求。此外,还应建立完善的电子档案变更记录机制,对电子档案的变更进行跟踪、审计和记录,以便及时发现和解决问题。

学术界和工业界正在不断研究和探索新的档案版本控制与更新的技术和方法。例如,使用版本控制工具(如 Git)进行电子档案的版本控制与更新,能够实现高效、灵活和可追溯的管理。同时,随着云计算和大数据技术的不断发展,如何实现大规模电子档案的版本控制与更新也成为研究的热点问题。因此,不断更新和升级档案版本控制与更新的技术和方法对于确保电子档案的有效管理至关重要。

### (四)档案利用与共享

学术上,档案利用是指根据电子档案的特点和用户需求,提供档案的检索、查阅和利用服务的过程。通过档案利用,能够提高电子档案的利用率,发挥其价值,满足用户的需求。而档案共享则是将电子档案与相关机构或个人进行共享和交流的过程。通过档案共享,能够实现电子档案的广泛传播和利用,促进信息交流和知识共享。

档案利用与共享在电子档案管理中具有重要意义。首先,通过合理的档案利用与共享,能够提高电子档案的利用率和价值,为组织和个人带来实际效益。其次,档案利用与共享能够促进信息交流和知识共享,推动社会进步和发展。此外,通过档案利用与共享,还能够提高电子档案的知名度和影响力,提升档案管理工作的地位和认可度。

为了实现有效的档案利用与共享,需要遵循一系列的原则和方法。首先,应明确电子档案的利用与共享范围和权限,根据档案的密级、内容和用户需求制定相应的利用与共享策略。其次,应加强电子档案的编研和整理,提高其质量和可用性,以便更好地满足用户需求。同时,还应建立完善的电子档案检索系统和查询平台,提供多样化的检索方式和查询手段,方便用户快速定位和获取所需的电子档案。

此外,在档案利用与共享过程中,还需要注意保护电子档案的安全和隐私。应采取有效的技术和管理措施,确保电子档案在利用与共享过程中的保密性和完整性。例如,对电子档案进行加密处理、控制访问权限、监测数据流动等。

学术界和工业界正在不断研究和探索新的档案利用与共享技术和方法。例如,云计算和大数据技术的不断发展为电子档案的利用与共享提供了新的机遇和挑战。如何实现大规模电子档案的高效利用与共享、如何确保电子档案的安全和隐私保护等问题成为研究的热点问题。

### (五)定期档案审查与销毁

电子档案管理措施是确保电子档案真实、完整、可用和保密的关键,而定期档案审查与销毁作为其中的重要环节,对于维护电子档案的质量和安全具有不可忽视的作用。

学术上,定期档案审查是对电子档案的完整性、准确性和合规性进行评估的过程,旨在及时发现并纠正电子档案的问题和错误。审查的范围可以包括电子档案的内容、元数据、存储介质等各个方面,以确保电子档案的真实性和可靠性。销毁则是在电子档案失去保存价值或达到法定保存期限时,对其进行彻底删除或物理销毁的过程。销毁的目的是确保电子档案的安全和保密,防止其被不当泄露或利用。

定期档案审查与销毁在电子档案管理中具有重要意义。通过定期审查,可以及时发现并纠正电子档案的问题,确保其质量和可用性。对于不再需要或已经过时的电子档案,及时进行销毁可以避免占用存储空间,提高电子档案管理的效率。同时,审查与销毁也是确保电子档案安全和保密的重要手段,防止敏感信息的泄露和不当使用。

为了实现有效的定期档案审查与销毁,需要遵循一系列的原则和方法。首先,应制订合理的审查与销毁计划,明确审查的范围、频率和销毁的标准和程序。其次,应建立完善的电子档案管理制度和操作规范,确保审查与销毁工作的规范化和标准化。同时,应加强电子档案的元数据管理和存储介质的安全性保护,确保电子档案的完整性和可靠性。此外,在审查与销毁过程中,还需要注意保护电子档案的安全和隐私。

学术界和工业界正在不断研究和探索新的定期档案审查与销毁技术和方法。例如,数据挖掘和分析技术可以自动发现电子档案的问题和错误;而数据擦除和物理销毁技术则可以确保电子档案的彻底删除和不可恢复。

## 三、电子档案技术手段

### (一)电子签名与时间戳技术

电子签名与时间戳技术是数字世界的核心组成部分,它们在保障信息安全、完整性和可验证性方面起着至关重要的作用。

首先,我们来看电子签名技术。电子签名是一种利用密码学算法生成的数据,这些数据与电子文档绑定在一起,用于验证文档的真实性和完整性。当电子文档被篡改或伪造时,电子签名会发生变化,从而揭示其不合法性。在学术上,电子签名技术基于公钥基础设施(PKI)和散列函数等密码学原理。通过使用私钥对文档进行签名,然后使用公钥进行验证,可以确保签名与文档之间的绑定关系。电子签名广泛应用于电子商务、政府事务和医疗保健等领域,用于验证身份、确认交易和保证数据不被篡改。

其次,时间戳技术用于标识数字数据的创建或修改时间。在数字环境中,时间戳为数据提供了一个可靠的时间参照点,有助于证明数据的存在和顺序。

时间戳通常由可信第三方的时间戳机构（TSA）颁发，使用数字签名等技术确保其完整性和真实性。时间戳在许多场景中具有重要价值，例如，知识产权保护、法律取证和系统审计等。通过时间戳技术，可以证明某个数据在特定时间点已经存在或已被修改，从而为解决纠纷或验证事实提供依据。

### （二）电子档案防篡改技术

电子档案防篡改技术旨在防止未经授权的用户对电子档案进行修改、删除或篡改。为了实现这一目标，该技术采用了多种手段，包括加密、数字签名、哈希函数和校验等。这些技术可以单独使用，也可以结合使用，以确保电子档案在存储、传输和处理过程中的完整性。

数字签名是电子档案防篡改技术中的一种重要手段。数字签名利用非对称加密算法，通过私钥对电子档案进行签名，然后使用公钥进行验证。如果电子档案在传输过程中被篡改，数字签名将发生变化，从而可以检测出篡改行为。数字签名还可以防止电子档案被抵赖，因为签名与特定用户的私钥绑定在一起，无法伪造。

哈希函数也是电子档案防篡改技术中的关键组成部分。哈希函数将电子档案转换为固定长度的唯一标识符（哈希值），这个过程是不可逆的，即无法从哈希值还原出原始的电子档案。因此，如果电子档案被篡改，其哈希值也将发生变化。通过比较存储的哈希值和重新计算的哈希值，可以检测出电子档案是否被篡改。

另外，校验和是一种简单但有效的防篡改技术。校验和通过对电子档案的每个字节进行累加，生成一个校验和值。如果电子档案被篡改，校验和值将发生变化。这种方法虽然不如数字签名和哈希函数那样安全，但在某些情况下仍可以作为一种简单的防篡改手段。

除了上述技术手段外，还有一些其他方法可以用于电子档案防篡改，例如，使用只读存储介质、文件系统透明加锁等。这些方法在不同的应用场景中可能更适用。

### （三）在线档案验证与校验

在线档案验证与校验是指通过一系列技术和方法，对存储在电子档案系统中的档案进行验证和校验的过程。这一过程旨在确保电子档案的真实性、完整性和一致性。在线档案验证与校验的目的是及时发现档案在存储、传输和处理过程中可能遭受的篡改、损坏或丢失，从而采取相应的措施进行恢复或纠正。

在学术上,在线档案验证与校验主要基于密码学、数据完整性算法和校验技术等原理。数字签名技术也可以用于在线档案验证,通过验证数字签名的有效性,可以确认电子档案的真实性和完整性。

除了数据完整性算法和数字签名技术外,在线档案验证与校验还涉及其他相关技术和方法。例如,使用时间戳技术为电子档案添加时间戳,证明其创建或修改的时间。通过比较时间戳,可以检测出电子档案是否被篡改或篡改的时间。此外,使用数字水印技术将特定的标记嵌入电子档案中,用于标识和追踪档案的来源和所有权。数字水印也可以用于检测电子档案是否被篡改或盗用。

另外,在在线档案验证与校验过程中,还需要考虑安全性和隐私保护方面的问题。确保电子档案在验证和校验过程中不被未经授权的用户访问、篡改或窃取。因此,需要采取相应的加密技术、访问控制和安全审计等措施来保护电子档案的安全性和隐私性。

### (四)电子档案元数据管理

元数据是用于描述数据的数据,对于电子档案而言,元数据提供了关于档案的背景、内容、结构和关系的信息。通过元数据,可以实现对电子档案的有效管理、检索和使用。因此,电子档案元数据管理旨在确保元数据的完整性、准确性和一致性,为电子档案的真实性、可靠性和长期保存提供保障。

在学术上,电子档案元数据管理基于信息管理、图书馆学和档案学的理论框架。它涉及元数据的采集、著录、存储、维护和利用等方面。元数据的采集是元数据管理的第一步,它涉及确定需要采集的元数据元素和来源,并确保元数据的准确性和完整性。著录是将元数据与电子档案相关联的过程,通过著录可以实现对电子档案的描述、组织和检索。

存储和维护是电子档案元数据管理的关键环节。存储涉及选择适当的存储介质和系统,确保元数据的可靠性和安全性。维护涉及定期检查和更新元数据,以确保其与电子档案的一致性和实时性。此外,还需要采取备份和恢复措施,以防止数据丢失或损坏。

利用是电子档案元数据管理的最终目的。通过提供检索、查询和报告等工具和服务,使得用户能够方便访问和使用电子档案。同时,元数据还可以用于电子档案的长期保存和数字化管理,确保其长期可读性和可访问性。

# 第六章　数字化转型下的档案工作变革

## 第一节　传统档案工作面临的挑战与机遇

### 一、数字化转型的背景与趋势

随着信息技术的飞速发展,数字化转型已成为各行各业不可避免的趋势。数字化转型不仅改变了人们的生活方式和工作模式,也给传统档案工作带来了前所未有的机遇和挑战。

#### (一)数字化转型的背景

**1. 技术进步**

信息技术、云计算、大数据、人工智能等技术的快速发展,为数字化转型提供了强大的技术支撑。这些技术使得信息的生成、存储、处理和利用方式发生了根本性变化。

**2. 社会需求**

随着社会信息化程度的提高,人们对信息的需求越来越大,要求也越来越高。传统档案工作已经难以满足社会对档案信息的需求,需要进行数字化转型以适应时代发展。

**3. 经济发展**

全球经济一体化和数字化趋势加速,为企业和个人带来了更多的发展机遇。数字化转型已成为企业提升竞争力、拓展市场的关键因素之一。

#### (二)数字化转型的趋势

**1. 云计算的应用**

云计算技术使得信息的存储和处理能力得到极大提升,为数字化转型提供了高效、灵活和可扩展的解决方案。传统档案工作可以借助云计算技术实现档案信息的集中存储、高效管理和便捷利用。

**2. 大数据分析**

大数据技术的应用为数字化转型提供了强大的数据分析和挖掘能力。通过对海量数据的分析,可以深入挖掘档案信息的价值,为决策制定、市场分析等提供有力支持。

**3. 人工智能的融合**

人工智能技术为数字化转型提供了智能化的数据处理和分析工具。通过人工智能技术,可以实现档案信息的自动分类、智能检索和个性化推荐等功能,提高档案工作的效率和用户体验。

**4. 跨界合作与创新**

数字化转型需要跨界合作与创新,推动不同行业之间的交流与融合。传统档案工作可以与信息技术、文化创意等领域进行合作,开发出更多具有创新性和实用性的产品和服务。

**5. 个性化与智能化服务**

数字化转型将推动档案工作从传统的被动服务向主动服务转变,为用户提供更加个性化、智能化和便捷的服务体验。例如,基于用户需求的智能检索、个性化推荐和定制化服务等。

## (三)传统档案工作在数字化转型中的角色与定位

随着数字化转型的深入推进,传统档案工作面临着巨大的挑战和机遇。在数字化转型过程中,传统档案工作的角色与定位逐渐发生转变,需要重新审视和明确其在数字化环境中的位置和作用。

**1. 传统档案工作的基础地位**

尽管数字化转型给档案工作带来了巨大变革,但传统档案工作仍然具有不可替代的基础地位。传统档案是数字化档案的来源和基础,其真实性、可靠性和原始价值在数字化时代仍然至关重要。传统档案工作在数字化转型中需要发挥其基础作用,确保数字化档案的质量和可信度。

**2. 数字化转型中的引导者角色**

在数字化转型过程中,传统档案工作需要发挥引导者的作用。档案工作者需要积极探索数字化转型的路径和方法,制定数字化档案管理的规范和标准,推动档案行业的数字化进程。同时,传统档案工作还需要引导社会各界正确认识数字化转型的重要性,增强全社会的档案意识和数字化素养。

### 3. 数字化转型中的创新者角色

数字化转型为传统档案工作带来了创新的机会和要求。档案工作者需要积极探索数字化环境下的档案管理新模式,开发和应用新技术、新方法,提高档案管理工作的效率和智能化水平。例如,应用云计算、大数据、人工智能等技术手段,实现档案管理模式的创新和升级。

### 4. 数字化转型中的合作者角色

数字化转型需要跨界合作与资源整合,传统档案工作需要扮演合作者的角色。档案工作者需要与信息技术、文化创意等领域展开合作,共同推动档案行业的数字化转型和发展。通过跨界合作,可以实现优势互补、资源共享,提升档案工作的整体水平和社会影响力。

## 二、数字化转型带来的挑战

### (一)技术更新换代的压力

数字化转型过程中,技术更新换代的速度之快给传统档案工作带来了巨大的压力和挑战。随着信息技术的飞速发展,档案管理所需的技术手段和工具不断推陈出新,要求档案工作者不断更新自身的技术知识和技能。同时,技术更新换代也带来了设备淘汰和升级的成本压力,需要档案部门不断投入资金进行技术升级和设备更新。

#### 1. 技术知识的更新

数字化转型要求档案工作者不断学习新技术、新知识和新方法,以适应数字化环境下的档案管理工作。然而,技术的快速发展使得档案工作者难以跟上技术更新的步伐,需要不断投入时间和精力进行学习。同时,技术知识的更新也对档案工作者的思维方式和工作模式提出了更高的要求,需要他们不断调整自身的认知结构和行为习惯。

#### 2. 技术设备的升级

技术更新换代带来了设备升级的压力。为了满足数字化档案管理的需求,档案部门需要不断投入资金进行技术设备和基础设施的升级和改造。这不仅包括硬件设备的更新,如计算机、存储设备、网络设施等,还包括软件系统的升级和换代。同时,还需要考虑设备兼容性和数据迁移等问题,以确保数字化档案管理的连续性和稳定性。

#### 3. 信息安全与隐私保护的挑战

技术更新换代也带来了信息安全与隐私保护的挑战。随着数字化程度的提高,档案信息的安全风险和隐私泄露的隐患也随之增加。档案工作者需要不断更新自身的安全意识和技能,采取有效的安全措施和技术手段,确保数字化档案信息的安全和隐私保护。这需要投入更多的资源进行安全防护和监测,加强信息安全管理能力。

**4. 成本投入的压力**

技术更新换代带来了成本投入的压力。为了适应数字化转型的需求,档案部门需要不断投入资金进行技术升级和设备更新。这不仅包括硬件设备和软件系统的购买和维护成本,还包括人员培训和技术支持等方面的费用。同时,还需要考虑投资回报率的问题,以确保数字化转型的经济可行性和可持续性。

### (二)数据安全与隐私保护的挑战

随着数字化转型的推进,数据安全与隐私保护的挑战已成为传统档案工作面临的重要问题。数字化档案信息具有易复制、易传播和易篡改等特点,使得数据安全与隐私保护的难度加大。

**1. 数据安全风险加大**

数字化转型过程中,档案信息以数字形式存储和传输,面临着多种安全风险。一方面,数字档案信息容易受到黑客攻击、病毒感染等外部威胁,导致数据泄露、损坏或丢失。另一方面,由于数字档案信息的可复制性和可编辑性,内部人员可能滥用职权或非授权访问、篡改或窃取档案信息,造成数据安全事故。

**2. 隐私保护难度提升**

数字化转型使得档案信息的收集、存储和使用方式发生了变化,隐私保护的难度也随之提升。一方面,数字化档案信息的收集和使用过程中,可能涉及个人隐私的泄露。另一方面,随着大数据技术的应用,对档案信息的分析挖掘可能揭示出个人隐私和敏感信息,对隐私保护提出了更高的要求。

**3. 法律法规与标准的缺失**

数据安全与隐私保护的挑战还涉及法律法规与标准的缺失问题。目前,针对数字化档案管理的法律法规和标准还不够完善,导致数据安全与隐私保护缺乏明确的指导和规范。这使得档案工作者在开展数字化转型过程中面临着法律风险和合规性问题。

**4. 技术手段的局限性**

数据安全与隐私保护的技术手段存在局限性,难以完全解决所有安全问题。例如,加密技术可以保护数据的机密性,但无法保证数据的完整性和可用性;安全审计和监控可以防止内部人员滥用职权,但无法完全防止外部攻击。因此,需要综合考虑多种技术手段,加强数据安全与隐私保护的综合防范能力。

### (三)档案管理流程的变革需求

数字化转型给传统档案工作带来了巨大挑战,其中档案管理流程的变革需求是尤为重要的方面。数字化转型要求档案管理流程实现数字化、自动化和智能化,以满足快速变化的信息需求和服务模式。然而,档案管理流程的变革并非易事,需要克服诸多困难和挑战。

**1. 流程再造与优化**

数字化转型要求档案管理流程进行再造与优化。这包括对传统档案管理流程进行深入分析,识别存在的问题和瓶颈,针对性地进行流程优化和改进。在数字化环境下,档案管理流程需要更加高效、灵活和智能化,以满足用户快速获取、利用和共享档案信息的需求。

**2. 数字化技术应用**

数字化技术的应用是档案管理流程变革的关键。传统的档案管理流程主要基于纸质文档的管理,而数字化转型要求将纸质档案进行数字化转换,并利用数字化技术对数字档案进行存储、管理和利用。这涉及数字化扫描、元数据采集、数字存储、数字检索和数字利用等方面的技术应用。

**3. 数据标准与规范建设**

为了实现档案数据的互操作性和共享性,档案管理流程变革需要加强数据标准与规范建设。数据标准与规范包括档案数据的格式标准、元数据标准、交换标准等,以确保不同来源和不同格式的档案数据能够实现有效的整合和利用。这需要档案部门积极参与相关标准制定工作,并根据实际情况制定科学合理的数据标准与规范体系。

**4. 安全与隐私保护**

在数字化转型过程中,档案管理的安全与隐私保护面临着新的挑战。数字化档案信息在存储、传输和使用过程中容易受到安全威胁和隐私侵犯。因此,档案管理流程变革需要加强安全与隐私保护措施,建立完善的安全管理制度和技术防范体系,确保档案信息的安全性和隐私权益的保护。

**5. 人员培训与素质提升**

档案管理流程变革需要充分考虑人员的因素。数字化转型对档案工作者的知识结构、技能水平和工作模式提出了更高的要求。为了适应数字化环境下的档案管理流程变革,档案部门需要加强人员培训和素质提升工作,培养一支具备数字化素养和创新精神的档案管理团队。

### (四)人力资源与技能要求的提升

数字化转型对传统档案工作的人力资源与技能要求带来了新的挑战。随着数字化技术的广泛应用,档案工作对人员的技能和素质要求不断提高,需要档案工作者不断更新自身的知识和技能,以适应数字化环境下的工作需求。

**1. 技术能力的提升**

数字化转型要求档案工作者具备一定的技术能力,包括对数字化技术、计算机技术、网络技术等方面的了解和应用能力。档案工作者需要掌握数字化扫描、元数据采集、数字存储、数字检索和数字利用等方面的技术知识和操作技能,能够熟练运用相关软件和工具进行档案数字化管理和利用。

**2. 数据素养的培养**

数字化转型过程中,档案工作者需要具备一定的数据素养。数据素养是指个体在数据收集、整理、分析、利用等方面的能力,是当前大数据时代必备的素养之一。档案工作者需要了解数据的基本概念和特征,掌握数据分析和挖掘的方法和工具,能够从海量数据中提取有价值的信息,为组织决策提供支持。

**3. 信息安全意识的强化**

数字化转型对档案信息的安全保障提出了更高的要求。档案工作者需要具备信息安全意识,了解信息安全的基本概念和原理,掌握常见的安全防护措施和应急响应方法。同时,档案工作者还需要了解相关法律法规和标准,确保在工作中遵循相关规定,保障档案信息的安全和隐私权益的保护。

**4. 创新思维与持续学习能力的提升**

数字化转型是一个不断创新和发展的过程,需要档案工作者具备创新思维和持续学习的能力。同时,档案工作者还需要具备自主学习和知识更新的能力,不断提升自身的专业素养和综合能力。

### (五)法规与标准的适应问题

数字化转型对传统档案工作带来了法规与标准适应的挑战。数字化档案工作涉及的法规与标准是为了规范档案管理的行为、保障档案的安全与完整、促进档案的利用与共享而制定的。然而,随着数字化技术的快速发展,传统的法规与标准可能无法完全适应新的档案管理需求,导致档案部门在数字化转型过程中面临诸多困惑和挑战。

**1. 法规滞后与空白**

数字化转型过程中,一些传统的档案管理法规可能无法跟上技术发展的步伐,导致法规滞后。此外,新的档案管理需求可能涉及一些尚未制定标准的领域,使得档案部门面临无法可依的困境。这种法规滞后与空白的现象可能会影响到数字化档案管理的规范性和合法性,给档案工作带来不确定性和风险。

**2. 标准不统一与不兼容**

数字化转型过程中,档案管理需要遵循一系列的标准和规范,如数据格式标准、元数据标准、存储标准等。然而,这些标准可能存在不统一和不兼容的问题,导致档案部门在实施数字化管理时面临诸多困难。例如,不同系统之间的数据交换和共享可能因为标准不统一而受到限制,影响到档案信息的流通和利用。

**3. 法规与标准的执行难度**

即使法规与标准能够及时更新并保持一致,其在执行过程中也可能会面临一定的难度。一方面,档案部门需要投入大量的人力、物力和财力来贯彻落实新的法规与标准;另一方面,档案工作者需要不断更新自身的知识和技能,以适应新的法规与标准的要求。这些因素都可能导致法规与标准的执行难度加大。

**4. 国际合作的挑战**

数字化转型使得档案管理不再局限于一个国家或地区,而是涉及国际的合作与交流。在这种情况下,不同国家或地区的法规与标准可能存在差异,给国际合作带来挑战。为了实现档案信息的跨国流通和共享,需要各国在法规与标准方面进行协调和统一,以确保国际合作的顺利进行。

### 三、数字化转型带来的机遇

#### (一)提高档案工作效率与服务质量

数字化转型为档案工作带来了提高效率与服务质量的重要机遇。数字化技术能够优化档案管理流程,提高信息处理速度,增强档案的可用性和可访问性,从而更好地满足用户的需求。

**1. 流程自动化与智能化**

数字化转型使得档案管理流程得以自动化和智能化。通过数字化技术，可以实现档案信息的自动采集、分类、存储、检索和利用等功能，减少人工干预和重复性劳动。这不仅能够提高档案工作的效率，还能够降低错误率，提升档案信息的质量。

**2. 快速检索与利用**

数字化转型使得档案信息能够被快速检索和利用。传统的纸质档案查询过程可能费时费力，而数字化档案信息可以通过关键词、主题、日期等多种方式进行快速检索，提高了查询的准确性和效率。同时，数字化档案信息还支持远程访问和在线利用，使得用户可以随时随地获取所需的档案资料。

**3. 数据分析与挖掘**

数字化转型为档案数据分析与挖掘提供了有力支持。人们通过利用大数据技术，可以对海量的档案数据进行深入分析，挖掘出有价值的信息和知识。这有助于档案部门更好地了解用户需求，优化服务内容，提升服务质量。同时，数据分析与挖掘还能够为组织决策提供重要参考，发挥档案信息的潜在价值。

**4. 个性化服务与创新**

数字化转型为档案部门提供了个性化服务与创新的机会。通过分析用户的行为和需求，可以为用户提供定制化的档案信息推送、推荐等服务。此外，数字化转型还促进了档案管理与其他领域的融合发展，如与文化遗产保护、数字图书馆等领域的合作，进一步拓展了档案服务的范围和形式。

**5. 全球合作与共享**

数字化转型使得档案工作能够更好地融入全球化的合作与共享中。通过国际的合作与交流，可以共享档案资源和技术成果，促进档案管理水平的共同提升。同时，数字化档案信息更容易被国际社会所接受和使用，有助于推动全球档案事业的进步和发展。

## （二）促进档案信息资源共享与利用

数字化技术打破了传统档案管理的局限，使得档案信息能够更加便捷地进行共享与利用，进一步发挥档案的价值。

**1. 消除信息孤岛**

传统的档案管理模式中，由于技术限制和部门间的壁垒，档案信息存在大量的孤岛现象,难以实现有效的共享与利用。数字化转型为档案部门提供了统一的技术平台,使得各类档案信息能够集中管理、整合与共享,消除了信息孤岛,提高了档案信息的可获取性和利用率。

**2. 增强信息交互与传播**

数字化转型使得档案信息能够以数字化的形式进行交互与传播,突破了传统的物理限制。通过互联网和移动设备等渠道,档案信息可以快速传播到更广泛的用户群体中,增强了档案信息的传播力和影响力。这有助于提高档案工作的社会认知度和价值认可度。

**3. 提升信息服务质量**

数字化转型提升了档案部门的信息服务质量。通过数字化技术,档案部门可以提供更加个性化、多样化的服务模式,满足用户多样化的需求。通过智能化技术,可以实现实时交互和智能问答等服务形式。这些服务模式能够更好地满足用户需求,提升用户满意度。

**4. 促进信息合作与交流**

数字化转型促进了档案部门与其他部门、机构之间的信息合作与交流。通过数字化技术,不同部门和机构之间的档案信息可以实现共享和整合,推动跨领域的合作与创新。这种跨部门的合作与交流有助于拓展档案工作的应用领域,提升档案信息的价值和影响力。

**5. 降低信息获取成本**

数字化转型降低了用户获取档案信息的成本。传统的纸质档案查询过程可能需要用户亲自前往档案部门或图书馆等机构进行实地查询,而数字化档案信息可以通过在线查询、远程访问等方式提供给用户,降低了用户的获取成本和时间成本。这有助于提高档案信息的利用率和用户满意度。

## (三)拓展档案业务领域与增值服务

通过应用先进的数字化技术,档案部门能够打破传统界限,进一步拓宽其服务领域,并为用户提供更为丰富和个性化的增值服务。

**1. 业务领域的拓展**

(1)数字档案馆建设:数字化转型推动了数字档案馆的建设,使得档案部门能够整合和管理各类数字化档案资源,为用户提供一站式、全天候的在线服务。

(2)跨界融合:借助数字化技术,档案工作得以与其他领域如图书馆学、情报学、计算机科学等进行跨界融合,形成新的服务模式和业务领域。

（3）文化遗产保护：数字化技术为文化遗产的保护和传承提供了新的手段。档案部门可以通过数字化技术对珍贵的历史文献、艺术品等进行高保真复制和长期保存，同时通过网络平台实现全球范围内的共享和传播。

**2. 增值服务的创新**

（1）个性化服务：利用大数据分析技术，档案部门能够深入挖掘用户需求和行为模式，为用户提供个性化的档案信息推荐、定制服务等。

（2）智能检索与分析：通过引入自然语言处理、人工智能等技术，档案部门可以为用户提供更为智能和高效的检索服务，同时能够对档案内容进行深度分析和挖掘，为用户提供有价值的决策支持。

（3）数据可视化与虚拟现实：借助数据可视化和虚拟现实技术，档案部门可以将复杂的档案信息以直观、生动的方式呈现给用户，提升用户体验和认知效果。

（4）版权管理与交易服务：在数字化环境下，档案部门可以为原创作品提供版权管理服务，包括版权登记、保护、交易等，进一步拓展其服务范围并增加收入来源。

**3. 面临的挑战与对策**

（1）加强技术研发与应用：持续关注并引入新技术，提升档案管理的智能化、自动化水平。

（2）优化服务流程与体验：以用户为中心，不断优化服务流程和服务质量，提高用户满意度。

（3）强化信息安全保障：建立完善的信息安全保障体系，确保档案信息的真实性、完整性和可用性。

（4）培养复合型人才：重视人才培养和引进工作，培养一支既懂档案管理又懂信息技术的复合型人才队伍。

### （四）加强档案工作与社会发展的联系

随着社会的不断进步和信息化水平的提升，人们对档案信息的需求不断增加，档案工作与社会发展的联系也日益紧密。

**1. 满足社会多元化需求**

数字化转型使得档案部门能够更好地满足社会多元化的需求。数字化技术提供了高效的信息检索、存储和传播手段，使得档案部门可以更加便捷地为用户提供各种形式的档案信息服务。这种服务能够满足政府、企业、学术界、公众等不同用户群体的需求，促进档案信息在社会各个领域的应用和发展。

### 2. 促进社会发展与进步

档案工作与社会发展紧密相连,数字化转型为档案工作提供了新的平台和手段,进一步促进了社会发展与进步。例如,数字化档案信息可以为政府决策提供可靠的历史数据支持,帮助政府制定科学的发展规划;企业可以利用数字化档案信息进行市场分析和品牌推广,提升竞争力;学术界可以通过数字化档案开展深入研究,推动学术交流和文化传承。

### 3. 增强社会参与互动

数字化转型为档案工作提供了与社会公众互动和参与的机会。通过数字化平台,档案部门可以与用户进行实时互动,了解用户需求和反馈,提高服务质量。同时,社会公众也可以通过数字化平台参与到档案工作中来,如数字档案的共建、共享、传播等,增强社会参与感和归属感。

### 4. 提升社会信息化水平

数字化转型本身就是社会信息化水平提升的一个重要标志。档案工作作为社会信息化的重要组成部分,其数字化转型能够推动整个社会的信息化进程。通过加强档案工作与社会发展的联系,能够进一步促进信息的传播与交流,提升社会的信息化水平和综合竞争力。

## (五)提升档案工作的国际竞争力

在全球化和信息化不断加速的背景下,档案工作的国际竞争力显得尤为重要。通过数字化技术的运用,档案部门能够更好地适应国际发展趋势,提升其在全球范围内的竞争力。

### 1. 技术革新与标准化

数字化转型推动了档案工作的技术革新,使得档案管理更加高效、便捷。通过引入先进的数字化技术,档案部门可以优化信息存储、检索、利用等各个环节,提高服务质量。同时,数字化转型也促进了档案工作的标准化进程,使得不同国家、地区的档案部门能够更加便捷地进行信息交换与共享。这有助于提升档案工作的国际影响力。

### 2. 信息传播与交流

数字化转型降低了信息传播的门槛,使得档案信息能够更加快速、广泛地传播到全球范围内。通过互联网和数字媒体等渠道,档案部门可以打破地域限制,与世界各地的用户进行实时交流与互动。这有助于提升档案信息的国际影响力,促进学术交流和文化传承。

**3. 国际合作与共享**

数字化转型为档案部门提供了更多与国际组织、学术机构、企业等进行合作的机会。通过跨国合作和共享,档案部门可以整合全球资源,共同解决国际档案领域的问题,推动档案事业的共同发展。这种合作与共享也有助于提升档案部门的国际地位和影响力。

**4. 创新服务模式**

数字化转型激发了档案部门创新服务模式的动力。通过运用大数据、云计算、人工智能等技术手段,档案部门可以提供个性化、智能化的服务,满足用户多样化的需求。这种创新服务模式能够提升用户体验,增强用户黏性,进而提升档案工作的国际竞争力。

# 第二节　数字时代档案工作的新趋势和新要求

## 一、数字时代的档案工作

### (一)数字时代的背景与特征

在深入探讨数字时代的背景与特征之前,我们首先要认识到,数字时代是信息技术迅猛发展并广泛应用的产物,它标志着人类社会进入了一个以数字化为核心特征的新时代。

**1. 背景分析**

数字时代的兴起,源于 20 世纪后半叶以来信息技术的飞速发展和普及。随着计算机、互联网、移动通信等技术的不断革新,人类社会的信息处理方式发生了根本性变革。这种变革不仅改变了人们的生活方式、工作方式和交往方式,还深刻影响了经济、政治、文化等各个领域的发展。

在数字时代的背景下,信息成为社会发展的核心资源,数字化成为推动社会进步的重要动力。各国政府纷纷将信息化建设纳入国家战略,大力推动信息技术的研发和应用,以期在新一轮的国际竞争中占据优势地位。

**2. 特征分析**

(1)数字化:数字时代的最显著特征是数字化。在数字时代,文字、图像、声音、视频等各种信息都可以被转化为数字信号进行存储、传输和处理。这种数字化的处理方式不仅提高了信息处理的效率和精度,还使得信息能够在全球范围内实现快速传播和共享。

（2）网络化：互联网是数字时代的另一个重要特征。互联网的发展使得人们能够超越时空限制，实现全球范围内的信息交流和资源共享。在互联网的推动下，电子商务、在线教育、远程医疗等新兴业态蓬勃发展，为人们的生活带来了极大便利。

（3）智能化：随着人工智能技术的不断发展，智能化成为数字时代的新趋势。在智能化技术的支持下，机器能够模拟人类的思维和行为，实现自主学习、自主决策和自主执行。这种智能化的生产方式不仅提高了生产效率和质量，还使得人们能够从繁重的工作中解放出来，有更多的时间和精力去追求更高层次的需求。

（4）融合化：数字时代还表现出融合化的特征。在数字时代，不同领域之间的界限逐渐模糊，各种技术、产业和文化相互融合、相互渗透。这种融合化的趋势不仅促进了技术创新和产业升级，还使得人们能够享受到更加丰富多彩的生活体验。

## （二）档案工作在数字时代的重要性

在数字时代，档案工作的重要性愈发凸显。作为记录历史、传承文明、服务社会的重要载体，档案在数字时代扮演着不可或缺的角色。

### 1. 记录历史与传承文明

在数字时代，档案作为历史记录的载体，具有重要的历史价值。通过档案，我们可以了解过去，总结经验教训，为未来的发展提供借鉴。同时，档案也是传承文明的重要工具，有助于保存和传播人类优秀文化成果。

随着数字技术的广泛应用，大量数字档案应运而生，成为记录历史与传承文明的重要形式。数字档案具有存储密度高、传输速度快、易于检索利用等优势，使得档案的保存和传播更加便捷高效。

### 2. 服务社会与促进发展

档案工作作为一项公共服务，其根本目的是满足社会公众的档案需求，为社会发展提供支持。在数字时代，档案工作的服务范围和方式得到了进一步拓展和优化。

数字档案的出现使得档案服务更加个性化、智能化。通过数据分析、知识挖掘等技术手段，数字档案能够为社会决策、学术研究、文化教育等领域提供有力支持。此外，数字档案还有助于提高政府透明度、促进公民参与和社会监督。

### 3. 维护权益与保障安全

在数字时代，信息安全和隐私保护问题日益突出。档案作为一种重要的信息资源,其安全保障对于维护个人权益、企业利益和国家安全具有重要意义。

通过采用加密技术、身份认证、访问控制等安全措施,数字档案能够确保信息不被非法获取、篡改或泄露。同时,数字档案还有助于保护个人隐私和企业商业秘密,维护合法权益。

**4. 推动档案事业创新发展**

数字时代为档案事业的发展提供了新的机遇和挑战。为了适应时代的变化,档案部门需要不断创新管理理念、技术手段和服务模式,推动档案事业持续发展。

通过数字化转型、技术创新和国际合作,档案部门可以提升自身的核心竞争力,更好地服务于社会发展和文明进步。

## 二、数字时代档案工作的新趋势

### (一)数字化转型成为主流

随着数字时代的到来,档案工作正经历着一场深刻的变革。在这场变革中,数字化转型成为档案工作发展的主流趋势,引领着档案工作向现代化、高效化和智能化方向迈进。

**1. 数字化转型的必要性**

在数字时代,信息的产生、传播和利用方式发生了根本性变化。传统的纸质档案面临着保存难度大、利用不便等问题,难以满足社会发展的需求。为了适应时代的变化,档案工作必须进行数字化转型,提高档案信息的管理效率和利用价值。

**2. 数字化转型的优势**

(1)存储密度高、容量大:数字化档案采用数字存储技术,具有高密度、大容量的特点,能够大幅度减少物理存储空间,降低存储成本。

(2)检索速度快、效率高:数字化档案可以通过关键词、主题等元数据进行快速检索,提高了档案的检索效率和利用效果。

(3)传输速度快、范围广:数字化档案可以通过网络进行快速传输,实现异地查阅、远程利用等功能,提高了档案服务的便捷性和普及度。

(4)信息安全可靠:数字化档案可以采取加密、备份等技术手段,确保档案信息的安全性和完整性。

数字化转型已经成为数字时代档案工作的主流趋势。为了适应时代的发展需求,档案部门需要积极拥抱变革,加强数字化技术的研发和应用,推动档案工作向现代化、高效化和智能化方向迈进。同时,档案部门还需要加强合作与交流,共同应对数字化转型带来的挑战和机遇,为社会的可持续发展做出更大的贡献。

## (二)档案信息资源的整合与共享

在数字时代,随着信息技术的迅猛发展,档案信息资源呈现出爆炸性增长。为了更好地满足社会对档案信息的需求,档案工作需要顺应时代潮流,实现档案信息资源的整合与共享。

### 1. 整合与共享的必要性

在数字时代,档案信息资源分散在各个部门、机构和企业中,形成了大量的"信息孤岛"。这些孤立的档案信息难以发挥其应有的价值,也难以满足社会对档案信息的多样化需求。因此,档案信息资源的整合与共享成为数字时代档案工作的重要趋势。

### 2. 整合与共享的优势

(1)提高信息利用效率:通过整合与共享档案信息资源,可以打破信息孤岛,实现信息的集中管理和利用。这有助于提高信息利用的效率和效果,降低信息获取的成本。

(2)促进信息交流与合作:整合与共享档案信息资源,可以促进不同部门、机构和企业之间的信息交流与合作。这有助于推动跨领域、跨行业的合作创新,实现资源的优化配置。

(3)提升档案工作价值:通过整合与共享档案信息资源,可以提升档案工作的社会价值和影响力。档案信息资源的价值在于被利用和服务社会,整合与共享有助于推动档案工作更好地服务于社会发展和人民福祉。

## (三)智能化技术的应用与发展

随着数字时代的深入发展,智能化技术已经成为各个领域创新发展的重要驱动力。在档案工作中,智能化技术的应用与发展也成为一种新趋势,为档案管理的现代化和高效化提供了有力支持。

### 1. 智能化技术应用的必要性

传统的档案管理方式存在着诸如检索效率低下、信息挖掘不充分、服务质量不高等问题。而智能化技术的应用,能够实现对档案信息的自动识别、智能分类、智能检索等功能,有效提高档案管理的效率和档案服务的水平。

**2. 智能化技术的应用领域**

（1）自动识别技术：通过应用光学字符识别（OCR）、射频识别（RFID）等技术，实现对档案信息的自动识别和跟踪管理，提高档案管理的准确性和效率。

（2）智能分类技术：利用自然语言处理（NLP）、机器学习等技术，实现对档案信息的自动分类和主题聚类，提高档案分类的准确性和效率。

（3）智能检索技术：通过应用全文检索、图像检索等技术，实现对档案信息的快速检索和精准定位，提高档案服务的响应速度和用户体验。

（4）智能分析技术：利用数据挖掘、知识图谱等技术，实现对档案信息的深度挖掘和关联分析，为决策支持、学术研究等领域提供有力支持。

### （四）档案工作与新媒体的融合

随着数字时代的深入发展，新媒体已成为信息传播的重要渠道。档案工作与新媒体的融合成为数字时代档案工作的一种新趋势，为档案信息的传播和服务提供了新的途径和平台。

**1. 档案工作与新媒体融合的必要性**

新媒体具有传播速度快、覆盖面广、交互性强等特点，能够实现档案信息的快速传播和共享。通过与新媒体的融合，档案工作可以拓展服务领域，提高档案信息的利用效率和影响力，更好地满足社会对档案信息的需求。

**2. 档案工作与新媒体融合的形式**

（1）档案网站建设：档案部门通过建立网站，发布档案信息，提供在线查询、检索等服务，实现档案信息的数字化管理和网络化传播。

（2）社交媒体平台的应用：档案部门通过微博、微信、抖音等社交媒体平台，发布档案信息、历史文化知识等内容，与公众进行互动交流，提高档案信息的普及率和影响力。

（3）移动应用程序开发：针对移动终端用户的需求，开发档案信息查询、利用的移动应用程序，提供更加便捷的档案信息服务。

（4）新媒体展览与推广：通过新媒体技术手段，将档案信息以数字化、互动化的形式呈现给公众，举办在线展览、虚拟展览等，提高档案信息的可视化和可理解性。

### （五）用户体验和服务质量的提升

随着数字时代的深入发展，用户体验和服务质量已经成为各行业关注的焦点。在档案工作中，提升用户体验和服务质量也成为一种新趋势，为档案工作的发展提供了新的动力。

**1. 提升用户体验和服务质量的必要性**

传统的档案服务方式往往以档案部门为中心,用户处于被动地位,导致用户体验和服务质量不佳。而在数字时代,用户对档案服务的需求更加多元化和个性化,要求更高品质的档案服务。因此,提升用户体验和服务质量对于满足用户需求、提高档案工作价值具有重要意义。

**2. 提升用户体验和服务质量的方式**

(1)以用户为中心的服务设计:档案部门需要深入了解用户需求,以用户为中心进行服务设计,提供更加个性化、便捷的档案服务。例如,提供定制化的查询服务、智能化的检索工具等。

(2)优化用户界面和交互方式:通过优化用户界面和交互方式,降低用户使用档案服务的难度,提高用户的使用体验。例如,设计简洁明了的界面、提供人性化的交互提示等。

(3)提高服务响应速度和准确性:档案部门需要提高服务的响应速度和准确性,确保用户能够及时获得所需的档案信息。例如,优化查询和检索流程、提高信息更新频率等。

(4)建立用户反馈机制:档案部门需要建立用户反馈机制,收集用户对服务的评价和建议,及时调整服务策略,提升服务质量。

## 三、数字时代档案工作的新要求

### (一)强化档案信息的安全保障

随着数字时代的到来,档案工作面临着新的挑战和要求。其中,强化档案信息的安全保障是至关重要的方面。

**1. 数字时代档案信息安全的重要性**

在数字时代,档案信息的安全保障面临着前所未有的挑战。网络攻击、数据泄露等安全事件频发,对档案信息安全构成了严重威胁。因此,强化档案信息的安全保障成为数字时代档案工作的首要任务。

**2. 数字时代档案信息安全的新要求**

(1)完善安全管理制度:建立完善的安全管理制度,明确档案信息安全管理职责,确保各项安全措施的有效实施。

(2)强化技术防护:采用先进的安全技术手段,如加密技术、防火墙技术等,确保档案信息在存储、传输和处理过程中的安全。

（3）定期安全检查与评估：定期开展档案信息安全检查与评估，及时发现和修复安全漏洞，确保档案信息的安全性。

（4）提高应急响应能力：建立健全的应急响应机制，确保在发生安全事件时能够迅速做出反应，降低安全事件的影响。

（5）人员安全意识培养：加强档案工作人员的安全意识培养，增强其安全防范意识和技能，确保档案信息的安全性。

## （二）提高档案工作的标准化水平

提高档案工作的标准化水平是数字时代档案工作的重要要求。

**1. 数字时代档案工作标准化的重要性**

在数字时代，档案工作涉及的信息量巨大，信息的种类和形式也日益多样化。为了确保档案信息的有序管理和高效利用，提高档案工作的标准化水平变得尤为重要。标准化能够统一档案工作的规范和流程，提高档案信息的质量和可靠性，促进档案信息的共享与交流。

**2. 数字时代档案工作标准化的新要求**

（1）制定统一的档案工作标准：在数字时代，制定统一的档案工作标准是至关重要的。这些标准应包括档案信息的分类、元数据的标准、存储格式、检索方法等方面，以确保不同部门、机构之间的档案信息能够相互兼容和共享。

（2）推广标准化的档案管理软件：推广标准化的档案管理软件，能够使各个单位和部门的档案工作更加规范化和标准化。这些软件应具备统一的界面、功能和数据交换格式，方便用户的使用和信息的共享。

（3）建立标准化的档案工作流程：通过建立标准化的档案工作流程，能够确保档案信息的完整性和准确性。这些流程包括档案的收集、整理、鉴定、保管、利用等环节，需要制定相应的标准和规范，确保每个环节的工作都能够按照统一的标准进行。

（4）增强档案工作人员的标准化意识：增强档案工作人员的标准化意识是实现档案工作标准化的关键。通过培训和教育，使档案工作人员了解标准化的重要性，掌握标准化的知识和技能，确保他们在日常工作中能够遵循标准化的要求。

## （三）完善档案工作的法律法规体系

完善档案工作的法律法规体系是数字时代档案工作的重要要求。

**1. 数字时代完善档案工作法律法规体系的重要性**

为了规范档案工作行为，保障档案信息的安全与合法权益，完善档案工作的法律法规体系显得尤为重要。法律法规体系为档案工作的开展提供了法律依据和制度保障,有助于推动档案事业的健康发展。

**2. 数字时代档案工作法律法规体系的新要求**

(1)制定专门的数字档案法:随着数字档案的迅猛增长,制定专门针对数字档案的法律势在必行。这部法律应明确数字档案的收集、保管、利用等方面的规定,确保数字档案的长期保存和有效利用。

(2)修订现有档案法:现有的档案法律法规需要进行修订和完善,以适应数字时代的发展需求。应重点修订关于数字档案的鉴定、移交、开放等方面的规定,确保法律法规与现实需求相匹配。

(3)制定相关配套法规:为了更好地实施档案法,需要制定一系列相关配套法规。这些法规应涉及数字档案的元数据标准、存储格式、知识产权保护等方面,为档案工作提供更加全面和细致的指导。

(4)加强法律法规的宣传与教育:通过多种渠道宣传档案法律法规,增强全社会的档案意识和法律意识。同时,加强对档案工作人员的法律法规培训,确保他们能够熟练掌握并运用相关法律法规。

(5)建立健全的执法监督机制:建立健全的执法监督机制,对档案工作进行定期检查和评估,确保各项法律法规得到有效执行。对于违反法律法规的行为,应依法追究责任并进行处罚。

## (四)加强档案工作的人才队伍建设

加强档案工作的人才队伍建设是数字时代档案工作的重要要求。

**1. 数字时代加强档案人才队伍建设的重要性**

在数字时代,档案工作涉及的技术和知识领域越来越广泛,对档案人才队伍的要求也越来越高。为了应对这一挑战,加强档案工作的人才队伍建设变得尤为重要。优秀的档案人才队伍能够为档案工作提供有力的人才保障,推动档案事业的持续发展。

**2. 数字时代档案人才队伍的新要求**

(1)具备数字化技能:数字时代的档案工作需要档案人员熟练掌握数字化技术,包括数字资源的采集、整理、存储、检索和利用等方面的技能。这要求档案人员具备数字化思维和实际操作能力。

(2)拥有专业知识与能力:档案人员需要具备档案学的专业知识和能力,包括档案分类、鉴定、整理、编目等方面的知识。同时,还需要了解相关法律法规和标准规范,确保档案工作的合规性和规范性。

（3）拥有创新思维和创新能力：数字时代的发展日新月异，档案人员需要具备创新思维和创新能力，不断探索新的技术和方法，提高档案工作的效率和水平。

（4）具备团队协作能力：档案工作涉及多个部门和领域的合作，档案人员需要具备团队协作能力，与各方进行有效沟通和协作，共同完成档案工作任务。

（5）持续学习和自我提升：数字时代技术和知识更新迅速，档案人员需要具备持续学习和自我提升的能力，不断跟进新技术和新知识，保持自身专业能力的领先地位。

### （五）促进档案工作的国际交流与合作

促进档案工作的国际交流与合作是数字时代档案工作的重要要求。

**1. 数字时代促进档案工作国际交流与合作的重要性**

在数字时代，信息传播的全球化使得档案工作不再局限于一个国家或地区。为了更好地应对全球化带来的挑战和机遇，档案工作需要积极促进国际交流与合作。通过国际交流与合作，档案工作者可以共享资源、经验和知识，提高档案工作的水平和效率，同时也可以推动档案事业的共同发展和进步。

**2. 数字时代档案工作国际交流与合作的新要求**

（1）建立国际合作机制：档案工作需要建立国际合作机制，包括与其他国家或地区的档案机构、国际组织等建立合作关系，共同开展档案工作研究和项目合作。这有助于加强档案领域的交流与合作，提高档案工作的整体水平。

（2）共享档案资源：通过国际交流与合作，档案机构可以共享各自的档案资源，包括数字化档案、档案文献等。这有助于丰富档案资源，提高档案的利用率和价值，同时也可以促进各国之间的文化交流和学术研究。

（3）共同制定标准和规范：在数字时代，档案工作需要制定统一的标准和规范来确保档案信息的交换和共享。通过国际交流与合作，各国可以共同制定标准和规范，推动档案工作的标准化进程，提高档案信息的互操作性和共享性。

（4）开展跨国合作项目：通过开展跨国合作项目，各国可以共同解决档案工作中面临的挑战和问题。这有助于集合各国的智慧和资源，推动档案工作的创新和发展。

（5）加强国际人才交流与培训：通过加强国际人才交流与培训，各国可以互相学习和借鉴先进的管理经验和技术成果。这有助于提高档案工作者的专业素质和能力，促进档案事业的持续发展。

# 第三节　企业内部协同与外部合作在档案工作中的运用

## 一、企业内部协同与外部合作的必要性

随着市场竞争的加剧和全球化的发展,企业内部协同与外部合作已经成为企业取得竞争优势和持续发展的关键因素。

### (一)资源共享,提升效率

企业内部协同不仅能实现资源共享,降低成本,还可以提升工作效率。在传统的管理模式下,各部门往往各自为政,导致资源重复投入和浪费。而协同工作则能打破这种僵局,实现资源的优化配置。通过企业内部各部门间的紧密合作,业务流程运转更加顺畅,减少了中间环节和冗余操作,从而大大提高了工作效率。在这个竞争激烈的市场环境中,协同工作已成为企业提升竞争力的关键。一个高效、协同的企业团队,不仅能够更好地应对市场变化,还能在瞬息万变的市场竞争中抢占先机,赢得更大的市场份额。

### (二)知识共享,创新发展

企业内部协同对于知识共享和创新具有极大的促进作用。在传统的组织结构中,部门间的知识交流往往受到限制,导致许多宝贵的经验和知识无法得到充分利用。而协同工作为企业提供了一个开放的平台,促进了各部门之间的知识交流与碰撞。这种交流不仅激发了新的思维和创新点子,还推动了企业的创新发展。同时,企业内部协同有助于整合内外部资源,为创新活动提供有力的支持。通过协同工作,企业可以更有效地利用内外部资源,推动内部创新活动,提升企业的创新能力。在这个快速变化的时代,创新能力已成为企业生存和发展的关键。因此,加强企业内部协同,促进知识共享和创新,对于提升企业的竞争力具有重要意义。

### (三)拓展市场,增强竞争力

外部合作对于企业拓展市场、增强竞争力具有不可忽视的作用。在当今竞争激烈的市场环境中,企业需要不断拓展市场、获取更多的资源,以保持持续的发展。通过与供应商、客户、合作伙伴等建立合作关系,企业可以获得更多的市场机会,扩大市场份额。例如,与供应商合作,可以获得更好的采购渠道和价格优势;与客户合作,可以了解市场需求和反馈,推出更符合消费者需

求的产品和服务。同时,外部合作还可以帮助企业学习借鉴先进的管理经验和技术成果,提升自身的实力和竞争力。通过与行业领先的企业或机构合作,企业可以获得最新的技术和管理理念,引进先进的技术和设备,提升自身的生产力和效率。这些优势可以帮助企业在市场竞争中脱颖而出,赢得更大的市场份额。

### (四)风险共担,稳定发展

企业内部协同与外部合作可以有效地降低风险,保障企业的稳定发展。通过与内部部门、外部合作伙伴等的协同合作,企业可以分散风险,减少经营风险和不确定性。同时,合作还可以带来更多的支持和保障,提高企业的抗风险能力。

### (五)品牌建设,提升形象

企业内部协同与外部合作还可以帮助企业进行品牌建设和形象提升。通过与内外部伙伴的合作,企业可以展示自身的实力和优势,提升品牌知名度和美誉度。同时,合作还可以帮助企业树立良好的社会形象和声誉,增强企业的社会影响力。

## 二、企业内部协同在档案工作中的应用

### (一)部门间的协同合作

随着企业内部档案工作的发展,部门间的协同合作已成为提升档案工作效率和质量的关键。部门间的协同合作不仅有助于实现资源共享和知识交流,还能促进业务流程的顺畅运转。

**1. 部门间协同合作的意义**

通过部门间的协同合作,各部门能够充分利用各自的专业知识和资源,共同参与档案工作的处理和决策,减少信息传递的时间成本,从而提高工作效率。不同部门在档案工作中所涉及的知识领域各有侧重,通过协同合作,可以促进知识的交流与共享,提升档案工作的专业性和准确性。部门间的协同合作有助于培养团队的协作精神,加强部门间的沟通与信任,形成良好的工作氛围。

**2. 部门间协同合作的实践**

确保各部门清楚了解自己在档案工作中的角色和职责,避免权责模糊导

致的协同障碍。定期举行部门间的沟通会议,分享档案工作的进展、问题及解决方案,确保信息畅通。各部门应积极分享各自的专业知识和技术资源,共同提升档案工作的技术水平。针对特定档案工作项目,组建跨部门项目组,集中力量解决复杂问题。

## (二)跨职能团队在档案工作中的运用

随着企业内部档案工作的复杂性和多样性增加,跨职能团队在档案工作中扮演着越来越重要的角色。跨职能团队能够整合不同部门的资源和专长,促进信息共享和协同工作,提升档案工作的效率和质量。

### 1. 跨职能团队在档案工作中的价值

跨职能团队能够整合不同部门的资源,包括人力资源、技术资源和管理资源等,实现资源的优化配置和共享,提高档案工作的效率。不同部门在档案工作中拥有各自的专业知识和经验,跨职能团队可以促进知识交流与共享,提升档案工作的专业性和准确性。通过不同部门的合作与交流,跨职能团队能够激发新的思维和创新点子,推动档案工作的创新与发展,提升企业的竞争力。

### 2. 跨职能团队在档案工作中的实践

设立清晰的目标和职责分工,确保团队成员了解自己在档案工作中的任务和责任,提高工作协同性。建立定期的沟通会议、工作汇报等机制,确保信息畅通,及时解决问题和协调工作。鼓励团队成员分享各自的专业知识和经验,开展培训和交流活动,提升团队整体能力。设立激励机制,表彰优秀团队和个人,同时加强团队建设,培养团队合作精神。

## (三)信息技术在内部协同中的作用

随着信息技术的迅猛发展,其在企业内部协同中的作用日益凸显。信息技术不仅提升了企业内部沟通与协作的效率,还为企业带来了创新的管理模式和业务流程。

### 1. 信息技术提升内部沟通效率

通过即时通信工具,员工可以快速传递信息、共享文件和进行实时讨论,大大提高了沟通效率。如在线文档编辑、项目管理工具等,使团队成员能在同一平台上协同工作,减少了信息传递的延误。

### 2. 信息技术优化组织结构与业务流程

信息技术支持下的虚拟组织、远程办公等形式,使企业组织结构更加灵活,能够快速适应市场变化。信息技术可以实现业务流程的自动化,如审批流程、数据报表生成等,降低了人为错误率,提高了工作效率。

### 3. 信息技术促进知识管理与创新

通过建立知识管理系统,企业可以有效地整理、分类和共享内部知识资源,提高知识利用效率。信息技术为企业提供了一个开放的创新平台,员工可以在此交流想法、碰撞思维,推动企业创新发展。

### 4. 信息技术强化决策支持与风险管理

信息技术能够帮助企业收集、整理和分析大量数据,为决策提供有力支持,提高决策的科学性和准确性。通过信息技术手段,企业可以实时监控市场风险、运营风险等,及时采取应对措施,降低风险对企业的影响。

## 三、企业外部合作在档案工作中的应用

### (一)与供应商、客户的档案合作

随着企业经营活动的日益复杂化和多元化,档案工作已经不再是单一的内部管理活动,而是涉及与外部合作伙伴,特别是供应商和客户之间的广泛合作。这种合作不仅有助于提升档案工作的效率和质量,还能加强企业与合作伙伴之间的信任和协作关系。

### 1. 企业外部合作在档案工作中的重要性

通过与外部合作伙伴进行档案合作,企业可以整合双方的资源,实现资源共享,包括档案资料、专业知识、技术设备等,从而提升档案工作的整体效率。外部合作可以帮助企业分担档案工作中的风险,如信息安全风险、数据丢失风险等。通过与供应商和客户共同制定风险管理策略,企业可以降低单一主体承担风险的压力。通过与客户的档案合作,企业可以更加深入地了解客户需求,提供更加个性化的服务。同时,这种合作也有助于提升客户对企业的信任度和满意度。

### 2. 与供应商、客户的档案合作实践

在与供应商的合作中,档案工作主要体现在对供应商资质、产品质量、交货期等信息的记录和管理。通过与供应商建立共享的档案系统,企业可以实时掌握供应商的动态信息,确保供应链的稳定性和安全性。在与客户的合作中,档案工作主要关注客户需求、交易记录、服务反馈等信息的收集和整理。通过与客户共同建立和维护档案系统,企业可以更加精准地把握市场需求变化,提供更具针对性的产品和服务。

### (二)与行业协会、专业机构的合作

随着企业档案工作的日益复杂化和专业化,与外部合作伙伴的协同合作已成为提升档案工作效率和质量的重要途径。行业协会、专业机构作为企业档案工作的关键外部合作伙伴,对于推动企业档案工作的标准化、规范化具有重要意义。

**1. 行业协会、专业机构在档案工作中的作用**

行业协会和专业机构通常制定相关的档案工作标准和规范,通过与这些机构的合作,企业可以更好地遵循行业标准,提升档案工作的规范化水平。行业协会和专业机构汇聚了业界的专业知识和经验,通过与这些机构的合作,企业可以获取前沿的档案工作理念、技术与方法,促进知识共享与交流。与行业协会、专业机构的合作有助于企业实现与其他企业的协同合作,整合资源,共同解决档案工作中的难题和挑战。与行业协会、专业机构的合作可以提升企业的专业形象和声誉,增强企业在业界的影响力。

**2. 企业与行业协会、专业机构的合作实践**

企业通过参与行业协会和专业机构的相关工作,共同制定或修订档案工作标准和规范,推动行业的健康发展。企业参与行业协会、专业机构举办的知识交流会议、研讨会和培训课程,提升档案工作人员的专业素质和技能。企业与行业协会、专业机构合作开展档案工作相关的研究项目,共同探索档案工作的新理念、新技术和新方法。通过与行业协会、专业机构的合作,企业可以实现资源共享,如档案信息、技术设备等,提高工作效率和资源利用效率。

### (三)与学术界的合作与研究

随着科技的快速发展和市场竞争的加剧,企业档案工作面临着越来越多的挑战和机遇。与学术界的合作成为企业提升档案工作水平、获取创新资源和培养专业人才的重要途径。

**1. 学术界在档案工作中的作用**

学术界在档案学领域拥有丰富的理论知识和研究经验,可以为企业的档案工作提供理论指导和实践探索,推动企业档案工作的创新与发展。学术界在档案学领域拥有大量优秀的人才资源,通过与学术界的合作,企业可以获得高素质的专业人才,为档案工作的持续改进提供智力支持。学术界是科技创新的重要源泉,通过与学术界的合作,企业可以获得最新的技术成果和创新资源,促进档案工作技术的转化和应用。

**2. 企业与学术界的合作实践**

企业与学术界共同开展档案工作相关的研究项目,针对档案管理的热点问题和技术难点进行深入研究,为企业提供解决方案和理论支持。通过学术界的师资力量和教学资源,企业可以开展内部培训、专业进修等方式提升员工的档案素质和技能水平。同时,双方可以互派人员交流学习,促进知识的共享与传递。将学术界的研究成果转化为实际应用的解决方案和技术手段,促进档案工作的现代化和技术升级。通过与学术界的合作,企业可以将技术成果进行推广和应用,提升市场竞争力。

# 第七章　档案工作未来发展

## 第一节　信息技术对档案工作的影响与作用

### 一、信息技术与档案工作

#### （一）信息技术的定义与背景

在 21 世纪的信息时代,信息技术(Information Technology,简称 IT)已经成为支撑社会经济发展和推动各行各业创新的重要基石。对于档案工作而言,信息技术不仅带来了前所未有的机遇,也带来了诸多挑战。要深入理解信息技术对档案工作的影响与作用,首先需要明确信息技术的定义与背景。

**1. 信息技术的定义**

信息技术,是指应用计算机科学和通信技术来设计、开发、安装和实施信息系统及应用软件。它主要用于管理和处理信息,具体涉及数据的采集、存储、加工、传递和输出等过程。信息技术涵盖了多个领域,如计算机科学、软件工程、电子工程、网络工程等。

**2. 信息技术的发展背景**

随着科技的飞速发展,信息技术经历了从初级到高级的演变。在 20 世纪后半叶,随着集成电路的发明和普及,计算机开始从大型机、中型机和小型机向个人电脑(PC)发展。这一变革为信息技术的广泛应用奠定了基础。进入 21 世纪后,互联网的普及和云计算技术的发展进一步加速了信息技术的进步,使得信息的获取、处理和传递变得更加便捷。

**3. 信息技术在档案工作中的应用背景**

传统上,档案工作以纸质文档为主,工作流程烦琐,效率低下。随着信息化进程的加速,越来越多的企业和机构开始将档案数字化,以电子形式进行存储和管理。这不仅提高了档案的存储和处理能力,还为档案的检索和使用提供了便利。在此背景下,信息技术成为档案工作转型和创新的重要驱动力。

### (二)档案工作的传统模式与挑战

传统模式下的档案工作,主要围绕纸质文档展开,其工作流程、存储方式和管理手段都面临着现代化信息社会的诸多挑战。

**1. 档案工作的传统模式**

传统的档案工作模式以纸质文档为主,主要涉及档案的收集、整理、保存和利用等环节。在传统模式下,档案的存储和管理依赖于物理空间和人工操作,检索和利用效率相对较低。同时,由于纸质文档易受环境因素影响,其保存期限和可靠性面临一定挑战。

**2. 传统模式面临的挑战**

随着信息量的爆炸式增长,传统的纸质档案存储空间不足,且备份复杂,难以实现大规模的数据备份和管理。传统的检索方式依赖于人工操作,效率低下,且容易出错。同时,利用者在检索时需要耗费大量时间和精力。纸质档案在传输、存储和利用过程中容易发生信息泄露和损坏,且难以实现有效的隐私保护。传统档案工作技术更新缓慢,难以适应快速发展的信息技术环境,导致数据兼容性问题突出。传统的档案管理流程过于依赖人工操作,导致工作效率低下,且难以实现流程的自动化和标准化。

### (三)信息技术的应用对档案工作的重要性

随着信息技术的飞速发展,其应用已经渗透到各个行业和领域,档案工作也不例外。信息技术在档案工作中的应用,不仅带来了巨大的便利,更在实质上推动了档案工作的现代化进程。

**1. 提升档案工作的效率**

传统的档案工作,如文件的收集、整理、存储和检索等,主要依赖人工操作,效率低下。信息技术,特别是自动化、智能化的信息管理系统,极大地提高了这些流程的效率。通过自动化扫描、分类和索引,电子文件管理系统可以快速、准确地处理大量档案信息,减少了人工操作的错误率。

**2. 拓展档案的存储能力**

传统的档案存储主要依赖于物理空间和纸质媒介,存储容量有限。而信息技术,特别是云存储和大数据技术,为档案提供了近乎无限的存储空间。这使得企业和组织可以存储更多的档案信息,并确保其长久保存。

**3. 优化档案的检索与利用**

信息技术使档案检索更加便捷。通过关键词、日期或分类等条件,用户可以快速找到所需档案。此外,信息技术还提供了更丰富的档案利用方式,如在线阅读、下载、打印等,使用户可以随时随地访问档案信息。

**4. 增强档案的安全与隐私保护**

信息技术为档案提供了强大的加密和安全保障机制,确保档案在存储、传输和处理过程中的安全性。同时,通过权限管理和访问控制,信息技术可以有效保护用户隐私,防止信息泄露。

**5. 促进档案工作的创新与发展**

信息技术的发展推动着档案工作的持续创新。从纸质档案管理到电子档案管理,从手动检索到智能检索,信息技术不断为档案工作带来新的思路和方法。这不仅提高了档案工作的效率和质量,还为档案工作开辟了更广阔的发展空间。

## 二、信息技术对档案工作的积极影响

### (一)信息技术提升档案存储能力

#### 1. 大容量存储设备

随着信息技术的迅猛发展,档案存储需求呈现出爆炸式增长的趋势。传统的纸质档案存储方式已经无法满足大规模、高效率的存储需求。因此,信息技术为大容量存储设备的出现和发展提供了有力支持,进而提升了档案存储能力。

(1)大容量存储设备的优势

大容量存储设备具备高度集成的存储空间,可容纳数 TB 至数十 TB 的数据。同时,其存储容量可根据需要进行扩展,满足不断增长的存储需求。现代大容量存储设备通常采用高速接口技术,如光纤通道和 SAS(串行连接 SCSI),确保数据传输的高速与稳定。许多大容量存储设备配备了冗余组件、数据校验和快照等技术,以增强数据的安全性和可靠性。智能化的存储设备通常配备友好的管理界面和工具,使得管理员能够轻松地进行配置、监控和维护。

(2)大容量存储设备在档案工作中的应用

对于需要长期保存的重要档案,大容量存储设备可以提供稳定、可靠的存储环境,确保数据的持久性和完整性。大容量存储设备可以集中管理档案的备份和恢复任务,降低数据丢失的风险。对于频繁访问的档案,大容量存储设备可以提供在线存储功能,确保快速的数据访问和响应。满足各种法规和合规要求,如电子发现、数据保留等,大容量存储设备为档案提供了合规的存储解决方案。

**2.云存储解决方案**

随着数据量的爆炸式增长,传统的本地存储方式已无法满足档案工作的需求。因此,云存储作为一种创新的存储解决方案,正逐渐成为信息技术提升档案存储能力的重要手段。

(1)云存储的优点

云存储具备高度可扩展的特性,可根据需求灵活增加或减少存储资源,满足档案数据不断增加的需求。云存储提供数据备份和恢复功能,确保档案数据的安全性和可靠性。即使发生硬件故障或灾难事件,也能快速恢复数据。通过云存储,档案数据可以在任何时间、任何地点进行远程访问和共享,提高档案的利用率和协作效率。与传统的本地存储相比,云存储通常采用按需付费的模式,可以降低存储成本和管理成本。

(2)云存储在档案工作中的应用

云存储为档案的长期保存提供了可靠的环境。通过合理的存储策略和管理措施,确保档案数据的持久性和完整性。利用云存储的实时同步功能,可以实现多用户同时在线编辑和协作处理档案,提高工作效率。云存储可以集中存储大量档案数据,为数据挖掘和分析提供便利,从而为决策提供支持。利用云存储的远程备份功能,可以将重要档案数据备份到异地数据中心,实现灾备目的,确保数据的可靠性和安全性。

## (二)信息技术提高档案检索效率

**1.搜索引擎优化**

在信息爆炸的时代,如何快速准确地检索档案成为档案工作中面临的重要挑战。信息技术的发展,特别是搜索引擎优化(SEO)技术的应用,为提高档案检索效率提供了有效途径。

搜索引擎优化(SEO)是一种针对搜索引擎的排名机制进行优化的技术。合理的 SEO 策略可以提高网站或网页在搜索引擎结果页上的排名,从而提高网站的曝光率和流量。在档案检索中,SEO 技术的应用有助于提高档案信息的可见性和可访问性。

(1)搜索引擎优化在档案检索中的应用

通过对档案信息进行合理的关键词优化,搜索引擎能够更好地理解档案内容,从而提高检索结果的相关性。利用元数据对档案进行描述和分类,便于搜索引擎对档案进行准确的分类和索引。提供高质量、有价值的档案内容,吸引搜索引擎爬虫的抓取,提高档案在搜索结果中的排名。通过与其他网站建立外部链接,提高档案网站的权威性和可信度,进而提高在搜索引擎中的排名。

(2)提高档案检索效率

搜索引擎优化技术的应用可以提高档案信息在搜索引擎中的可见性和排名,进而提高检索效率。用户可以更快地找到所需的档案信息,减少检索时间和成本。此外,SEO技术还可以提高档案系统的易用性和用户体验,使用户更愿意使用该系统进行档案检索,进一步提高检索效率。

**2. 自动化索引与分类**

(1)自动化索引与分类的优势

自动化索引与分类技术能够快速处理大量档案数据,大幅缩短了传统手动索引与分类的时间和人力成本。基于人工智能和机器学习技术的自动化索引与分类算法,能够更准确地识别档案内容,提高检索的准确率。自动化技术能够实时或近实时地对新增档案进行索引与分类,确保检索系统的实时性和有效性。自动化索引与分类可以根据用户需求进行定制,支持多种分类维度和标准,满足不同用户的检索需求。

(2)自动化索引与分类技术的应用

通过OCR技术,将档案中的文本信息转化为可编辑和检索的数字格式,为用户提供更便捷的检索入口。利用NLP技术对档案内容进行深度分析,提取关键信息和实体,为档案建立更精确的索引和分类。通过机器学习和深度学习算法,自动化系统能够不断优化索引与分类的准确性,提高检索效率。基于规则或聚类的智能分类工具,能够根据档案的内容、属性或上下文信息自动将其归类到相应的类别中。

## (三)信息技术提高档案的保存质量

### 1. 数据备份与恢复

随着信息技术的迅猛发展,数据备份与恢复技术在档案工作中扮演着越来越重要的角色。数据备份是确保档案信息安全的重要手段,而恢复技术则是在数据遭受损坏或丢失时进行数据拯救的关键环节。

(1)数据备份的重要性

数据备份是信息技术中用于确保档案数据安全的重要手段。定期或实时备份档案数据可以在数据遭受损坏、丢失或被篡改时,快速恢复到先前的健康状态,从而保证档案的完整性、可靠性和准确性。数据备份在应对硬件故障、软件故障、人为错误或自然灾害等意外事件中具有不可替代的作用,是提高档案保存质量的重要保障。

(2)数据备份策略

全量备份:对档案数据进行完整的备份,包括所有档案内容、元数据和结构信息。适用于数据量较小的情况。

增量备份:只备份自上次全量或增量备份以来发生更改的数据。适用于数据量较大且频繁更新的情况。

差异备份:备份自上次全量备份以来发生更改的数据。适用于数据量较大且有一定更新频率的情况。

合成备份:将多个增量备份或差异备份的数据合并为一个完整的备份映像。适用于需要快速恢复整个系统的情况。

(3)数据恢复技术

数据恢复是在数据遭受损坏或丢失时,利用备份数据进行数据拯救和还原的过程。

数据恢复技术包括:

直接恢复:将备份数据直接还原到原始存储位置或替代存储位置,以恢复数据的完整性和可用性。

镜像恢复:通过创建数据的镜像副本,在原始数据不可用时提供数据冗余和可用性保障。

增量恢复:仅恢复自上次备份以来发生更改的数据,以减少恢复时间和网络带宽需求。

日志恢复:利用事务日志进行数据恢复,确保数据的完整性和一致性。

(4)提高档案保存质量

实施有效的数据备份与恢复策略,可以显著提高档案的保存质量。首先,定期的数据备份确保了档案数据的可靠性和可用性,避免了因意外事件导致的数据丢失或损坏。其次,采用高效的数据恢复技术,可以在需要时快速恢复档案数据,降低了因数据丢失导致的业务中断风险。此外,合理配置备份策略和选择适当的备份介质(如磁带、硬盘或云存储),可以降低备份和恢复过程中的时间和成本,进一步提高档案保存质量。

**2. 电子档案的长期保存**

(1)电子档案长期保存的挑战

数据格式演变:电子档案可能涉及多种数据格式,而这些格式可能会随时间发生变化,导致旧版格式的数据在未来无法读取。

存储介质寿命:电子档案存储在各种介质上,如硬盘、CD、DVD 等。这些介质的寿命有限,可能影响档案数据的长期保存。

软件依赖性:电子档案的读取通常依赖于特定的软件。随着软件更新或淘汰,旧版档案数据可能面临无法读取的风险。

数据迁移与转换:为了确保电子档案的长期可读性,需要定期进行数据迁移与转换,这是一项既复杂又耗时的任务。

(2)信息技术在电子档案长期保存中的应用

数据格式标准化:采用标准化的数据格式可以降低格式演变的风险。标准化组织如 ISO 制定了多种标准,用于规范电子档案的数据格式。

存储介质选择与管理:根据存储需求选择可靠的存储介质,如耐久性强的光盘,并进行合理的存储管理,以确保数据长期保存。

软件与硬件更新:定期更新读取电子档案的软件和硬件,以适应数据格式的变化和技术的进步。

数据迁移与转换工具:开发或采用高效的数据迁移与转换工具,自动将电子档案从旧格式转换为新格式,确保数据的可读性和长久保存。

数据校验与备份:定期进行数据校验和备份,确保数据的完整性和可用性。采用增量备份和合成备份等技术,提高备份效率。

元数据管理:元数据对于电子档案的长期保存至关重要。有效管理元数据可以更好地描述和理解电子档案的内容和结构。

(3)提高电子档案保存质量

应用上述信息技术手段,可以显著提高电子档案的保存质量。首先,标准化和可靠的存储介质选择有助于确保数据的长期可读性。其次,数据迁移与转换工具的应用降低了因软件和硬件更新带来的风险。此外,数据校验与备份确保了数据的完整性和可用性,而元数据管理则提供了对电子档案内容的深入理解和有效描述。

## 三、信息技术在档案工作中的实际应用

### (一)电子文件管理系统

随着信息化时代的快速发展,电子文件已成为信息存储和传播的主要形式。电子文件管理系统(Electronic Document Management System,EDMS)作为专门用于管理电子文件的系统,在档案工作中发挥着越来越重要的作用。

#### 1.电子文件管理系统的功能

电子文件管理系统(EDMS)是针对电子文件进行有效管理的工具,其功能特点和技术要求均源于对电子文件特殊性质的深刻理解。电子文件与传统纸

质文件在存储、处理、利用和传递等方面具有显著差异,这使得电子文件管理系统的功能既丰富多样,又极具针对性。

(1)电子文件管理系统的核心功能

捕获与采集:自动或手动捕获不同来源的电子文件,确保文件的真实性和完整性。

分类与编目:依据元数据和文件内容,对电子文件进行分类和编目,便于检索和存储。

存储与备份:支持多种存储介质,确保电子文件的安全、稳定和长期保存。

版本控制:追踪和管理电子文件的版本变化,防止数据丢失或混乱。

权限与访问控制:根据用户角色和权限,限制对电子文件的访问和使用,确保数据安全。

检索与利用:提供高效、准确的检索工具,方便用户快速查找和获取所需文件。

数据分析与挖掘:通过数据挖掘和可视化技术,发现电子文件中的隐藏信息和价值。

审计与日志:记录系统操作和用户活动,便于追踪和审计。

集成与互操作性:与其他信息系统进行集成,实现数据的交换和共享。

(2)电子文件管理系统的价值体现

效率提升:通过自动化管理和智能化操作,提高文件处理速度和利用效率。

成本控制:降低存储成本,减少人力投入,优化资源利用。

风险管理:通过权限控制和数据保护机制,降低信息泄露风险。

决策支持:通过数据分析和挖掘,为决策提供有力支持。

合规性保障:满足不同行业的法规和标准要求,确保电子文件的合规性管理。

长期保存:确保电子文件的长期保存和可访问性,维护历史的真实记录。

知识管理:促进电子文件的共享、传播和再利用,提升组织的知识管理水平。

信息整合:整合不同来源的电子文件信息,提高信息的一致性和完整性。

技术支持:提供持续的技术支持和更新,确保系统的稳定性和先进性。

**2. 电子文件管理系统的设计**

电子文件管理系统的设计是构建一个高效、可靠的文件管理系统的关键环节。它涉及对电子文件的特性、存储、处理、利用等方面的深入理解,以及对用户需求、系统性能、安全性和扩展性的全面考虑。

（1）设计原则

可靠性：系统应具备高度的可靠性和稳定性，确保电子文件的安全存储和稳定传输。

可扩展性：系统应具备良好的可扩展性，以适应不断增长的文件数量和多样化的文件类型。

易用性：系统应提供直观、易用的用户界面，方便用户进行操作和管理。

安全性：系统应采取有效的安全措施，保障电子文件的安全性和机密性。

（2）设计策略

模块化设计：将系统划分为不同的模块，每个模块负责特定的功能，便于系统的扩展和维护。

标准化与开放性：遵循国际通用的标准和规范，确保系统的互操作性和开放性。

数据驱动设计：以数据为中心，提高数据的存储、检索和处理效率。

智能化支持：利用人工智能和机器学习技术，提高系统的智能化水平。

用户体验优先：关注用户体验，优化用户界面和交互流程。

（3）设计过程

需求分析：深入了解用户需求，明确系统的功能、性能和安全性要求。

架构设计：构建系统架构，包括硬件架构和软件架构，明确各模块的职责和交互方式。

数据库设计：设计合适的数据库结构，建立高效的数据存储和检索机制。

界面设计：根据用户需求和使用习惯，设计友好、直观的用户界面。

功能模块开发：按照模块化设计原则，逐个开发各功能模块。

测试与优化：对系统进行全面测试，发现并修复潜在问题，优化系统性能。

部署与上线：将系统部署到实际运行环境中，进行上线前的最后测试。

维护与升级：定期对系统进行维护和升级，确保系统的稳定运行和持续优化。

## （二）数字化档案管理系统

随着数字化时代的到来，数字化档案管理系统在档案工作中发挥着越来越重要的作用。数字化档案管理系统通过数字化技术对档案进行管理，提高了档案的利用率和检索效率。

### 1. 数字化档案管理系统的架构

数字化档案管理系统作为现代档案工作的重要工具，其架构设计的合理性直接影响到系统的性能、稳定性和可扩展性。

（1）核心要素

数据存储层：负责存储档案数据，要求具备高可靠性和可扩展性。采用分布式存储架构，确保数据的安全与冗余。

数据处理层：负责对档案数据进行处理，包括格式转换、图像处理、数据分类等。该层需要具备良好的数据处理能力和算法支持。

数据管理层：负责管理档案数据的元数据和目录信息，提供检索、查询和权限控制等功能。需要设计高效的数据索引和查询机制。

用户接口层：为用户提供友好的界面和交互方式，支持多种终端设备，满足用户不同的访问需求。

（2）设计考量

可扩展性：架构设计应具备良好的可扩展性，便于未来功能的增加和系统的升级。

模块化设计：将系统划分为独立的模块，便于模块间的解耦合功能的定制化开发。

安全性与可靠性：确保数据的安全性，采用加密技术、访问控制和备份恢复机制，提高系统的可靠性。

兼容性与标准化：遵循国际通用的标准和规范，确保与其他系统的兼容性和互操作性。

性能优化：对数据存储、处理和传输进行优化，提高系统的整体性能。

用户友好性：简化操作流程，提供友好的用户界面和交互方式，降低用户使用门槛。

成本与资源利用：合理利用软硬件资源，降低系统建设和运营成本。

灵活性：支持多种数据格式、存储方式和访问方式，满足不同用户的实际需求。

可维护性与可定制性：提供良好的系统维护和定制化开发支持，便于系统的持续优化和个性化配置。

持续学习与优化：具备自适应学习和优化能力，根据用户行为和系统运行状况进行智能调整和功能升级。

**2. 数字化档案管理系统的功能**

数字化档案管理系统是信息技术与档案管理的有机结合，旨在实现对档案的高效、规范、安全和智能管理。该系统的功能设置充分考虑了档案管理的实际需求和数字化时代的发展趋势，为用户提供了全方位、一体化的服务。

（1）核心功能要素

数字化采集与转换：系统具备高效、准确的数字化采集和转换能力，可将传统纸质档案、音频、视频等多媒体资料转化为数字格式,便于存储、检索和利用。

元数据管理:通过元数据技术,系统实现对档案内容的全面描述、组织和控制。元数据为档案的检索、查询和利用提供了有力支持。

存储与备份管理:系统具备强大的存储和备份功能,可实现档案数据的分布式存储、冗余备份和快速恢复,确保数据安全可靠。

检索与查询:系统提供高效、灵活的检索查询工具,支持多维度、多关键词、模糊查询等模式,满足用户对档案信息的快速定位和获取需求。

权限与访问控制:系统采用严格的权限与访问控制机制,根据用户角色和权限,限制对档案信息的访问和使用,确保数据的安全性和隐私保护。

版本控制:系统能够追踪和管理档案文件的版本变化,确保不同版本之间的可追溯性和一致性。

报表生成与分析:系统可根据用户需求生成各类报表和统计数据,支持对档案数据的深入分析和挖掘,为决策提供有力支持。

流程管理:系统具备完善的流程管理能力,可对档案的收集、整理、鉴定、利用等过程进行流程化控制和管理。

集成与互操作性:系统具备良好的集成和互操作性,可与其他信息系统无缝对接,实现数据的交换、共享和整合。

移动化服务:系统支持移动终端访问,用户可通过手机、平板等设备随时随地进行档案查询、利用和服务获取。

(2)价值体现

提高效率:数字化档案管理系统通过自动化、智能化的管理方式,显著提高档案管理的效率,降低人工成本和时间成本。

优化利用:系统提供全方位的检索、查询和利用工具,便于用户快速定位和获取所需档案信息,提高档案的利用率和价值发挥。

保障安全:系统具备严格的权限与访问控制机制和数据备份恢复功能,确保档案数据的安全可靠和完整性。

促进知识管理:数字化档案管理系统有利于知识的积累、传播和再利用,为企业或机构的知识管理提供有力支持。

提升决策水平:系统通过对档案数据的深度挖掘和分析,能够为企业或机构的决策提供科学依据和有力支持。

符合法规要求:系统遵循相关法律法规和标准要求,确保档案管理的合规性,降低法律风险。

促进信息共享:系统通过集成与互操作性,促进档案信息在不同部门、组织之间的共享与交流,提升信息利用价值。

降低存储成本:数字化存储替代传统物理存储方式,有效降低存储成本和维护成本。

促进可持续发展:数字化档案管理系统有利于企业或机构的可持续发展,为其在信息化时代的竞争提供有力支持。

提升服务质量:系统通过移动化服务、个性化定制等方式提升服务质量,增强用户体验和满意度。

### (三)智能档案管理系统

随着人工智能技术的快速发展,智能档案管理系统在档案工作中发挥着越来越重要的作用。智能档案管理系统通过利用人工智能技术,实现了档案管理的自动化、智能化和高效化。

**1. 智能档案管理系统的技术**

机器学习与深度学习:利用机器学习与深度学习算法,实现对档案内容的自动分类、识别和摘要等任务,提高档案管理效率。

自然语言处理:通过自然语言处理技术,实现对档案文本的自动分析、语义理解和信息抽取等功能,方便用户查询和利用。

数据挖掘与可视化:利用数据挖掘技术,从海量档案数据中发现有价值的信息,并通过可视化技术进行展示,帮助用户更好地理解数据。

语音识别与语音合成:通过语音识别技术,将语音信息转化为文本数据,便于存档和检索;同时,语音合成技术可以将文本信息转化为语音,为用户提供更便捷的服务。

智能推荐系统:利用推荐算法,根据用户的查询和利用历史,为用户推荐相关的档案资料,提高档案的利用率。

**2. 智能档案管理系统的应用**

档案分类与索引:自动对档案进行分类和索引,提高档案的查询效率和检索速度。

档案内容摘要与提取:自动对档案内容进行摘要和关键信息提取,方便用户快速了解档案内容。

档案修复与整理:利用图像识别和机器学习技术,自动识别和修复损坏的档案资料,提高档案的保护水平。

档案数据挖掘与分析:通过数据挖掘技术,对档案数据进行深入分析,为决策提供有力支持。

档案安全管理:利用智能监控技术,实现档案室的自动监控和报警,提高档案的安全保障能力。

**3. 智能档案管理系统的发展**

技术融合与创新:随着人工智能技术的不断发展,智能档案管理系统将不断融合新的技术,如计算机视觉、物联网等,实现档案管理工作的全面智能化。

跨领域合作与应用拓展:智能档案管理系统将与其他领域进行深度合作,拓展其在政府、企业、学术等领域的应用范围。

标准与规范制定:随着智能档案管理系统的普及,相关标准和规范将逐步制定和完善,为系统的建设和管理提供指导。

隐私保护与伦理问题:随着智能化程度的提高,隐私保护和伦理问题将逐渐凸显。未来发展中应关注这些问题,并采取有效措施保障用户权益。

持续学习与优化:智能档案管理系统应具备持续学习和优化的能力,以适应不断变化的档案管理工作需求。

# 第二节　新兴技术在档案工作中的应用前景

## 一、新兴技术与档案工作

### (一)新兴技术的定义与范围

在探讨新兴技术在档案工作中的应用前景之前,我们首先需要明确什么是新兴技术,以及其涵盖的范围。新兴技术是一个相对宽泛的概念,它指的是近年来快速发展并具有广阔应用前景的科技创新成果。这些技术通常具有前瞻性、创新性和高成长性,能够对经济社会发展和人们的生活方式产生深远影响。

**1. 新兴技术的定义**

新兴技术是指那些刚刚兴起或正在兴起的先进技术,它们在科学原理、技术形态和应用领域等方面都可能具有创新性。这些技术通常处于发展的初期阶段,尚未完全成熟,但已经展现出巨大的发展潜力和市场前景。新兴技术不仅包括科学技术本身的突破,也包括与之相关的技术群、产业链和价值链的发展。

**2. 新兴技术的范围**

人工智能:包括机器学习、深度学习、自然语言处理等技术,用于实现智能化决策、自动化生产和服务。

区块链:一种去中心化的分布式账本技术,用于实现安全、可追溯和可信的数据交换。

云计算:通过网络提供可动态伸缩的计算服务,具有弹性可扩展、按需付费等特点。

大数据:通过对海量数据进行处理和分析,挖掘出有价值的信息和洞见。

物联网:实现物品与互联网的连接和智能化管理,广泛应用于智能家居、智能交通等领域。

虚拟现实与增强现实:通过模拟真实场景或增强现实环境,为用户提供沉浸式的体验和交互。

生物技术:包括基因编辑、生物信息学、合成生物学等领域,用于疾病治疗、农业生产等方面。

3D 打印:通过逐层堆积材料来制造三维物体,广泛应用于产品原型制作、定制化生产等领域。

无人驾驶技术:包括自动驾驶汽车、无人机等,通过传感器、计算机视觉等技术实现自主导航和控制。

5G 通信技术:第五代移动通信技术,具有高速率、低延迟、大容量等特点,为物联网、边缘计算等应用提供强大的网络支持。

以上仅列举了一些常见的新兴技术领域,实际上新兴技术的范围还在不断扩大和演变。随着科技的不断进步和创新,未来还可能出现更多具有颠覆性和变革性的新技术。

**3. 新兴技术在档案工作中的应用分析**

档案工作作为记录和保存各类信息的重要领域,面临着数字化、智能化等发展趋势的挑战和机遇。新兴技术的应用将有助于推动档案工作的创新与发展,提高档案管理的效率和质量,更好地服务于经济社会的发展和人们的生产生活需求。

（二）新兴技术对档案工作的影响

随着科技的飞速发展,新兴技术不断涌现,对各行各业产生了深远的影响。新兴技术对档案工作的影响是多方面的,涵盖了管理方式、保存手段、利用方式和服务模式等方面。

**1. 管理方式的变革**

新兴技术对档案工作的管理方式产生了显著影响。传统的档案管理以实体保管为主,工作重点在于实体安全和物理管理。然而,随着数字化、网络化技术的发展,档案信息逐渐从实体形态转化为数字形态,管理方式也相应发生了变化。档案工作者需要运用新兴技术,如云计算、大数据、人工智能等,进行数字化档案的管理、存储和分析,实现档案信息的高效管理和利用。

### 2. 保存手段的革新

新兴技术为档案的保存提供了更为可靠的手段。传统的档案保存主要依赖于物理介质,如纸张、胶片等,这些介质容易受到环境因素(如温湿度、光照等)的影响,且寿命有限。而新兴的数字技术使得档案信息可以永久保存于数字载体上,如光盘、硬盘等,并通过数据备份、容灾等技术手段确保档案信息的安全可靠。

### 3. 利用方式的创新

新兴技术为档案的利用提供了更为便捷和创新的方式。传统的档案利用方式主要是实体借阅和复印,这种方式效率低下且不利于档案的保护。而新兴技术通过数字化和网络化,使得档案信息可以远程获取、在线检索和利用,提高了档案的利用效率和价值。同时,借助人工智能、大数据等技术,可以实现档案信息的智能分析和知识挖掘,为决策和科研提供有力支持。

### 4. 服务模式的升级

新兴技术对档案工作的服务模式也产生了积极影响。传统的档案服务以被动服务为主,用户需要亲自到馆查询和获取档案信息。而随着网络技术和移动通信技术的发展,档案服务逐渐向主动化和个性化转变。通过建立数字档案馆和移动服务平台,档案机构可以主动推送档案信息和服务,满足用户的个性化需求。同时,借助数据分析等技术,可以精准把握用户需求,优化服务内容和服务方式。

## 二、新兴技术在档案工作中的应用现状

### (一)人工智能在档案分类与检索中的应用

随着人工智能技术的快速发展,其在档案领域的应用也日益广泛。档案分类与检索是档案工作中至关重要的环节,而人工智能技术的引入为这一环节带来了巨大的变革。

人工智能(AI)是一门研究、开发用于模拟、延伸和扩展人类智能的理论、方法、技术及应用系统的新技术科学。其核心技术包括机器学习、深度学习和自然语言处理等,能够使计算机系统具备一定程度的智能行为,进而为人类提

供更为便捷和高效的服务。

### 1. 人工智能在档案分类中的应用

传统的档案分类方法主要依赖于人工分类和关键词标注,这种方法既耗时又容易出错。而人工智能技术可以通过机器学习和自然语言处理等技术,自动对档案进行分类和标注。具体而言,通过训练分类模型,利用文档中的内容特征和元数据信息,自动将相似的文档归为一类,大大提高了分类的准确性和效率。

### 2. 人工智能在档案检索中的应用

档案检索是档案工作中最为常见的应用场景之一,传统的检索方式主要是基于关键词的检索,这种方式对于语义理解和相关性排序的支持有限。而人工智能技术可以通过自然语言处理和深度学习等技术,实现更为智能化的检索方式。例如,利用自然语言处理技术对用户查询进行语义理解和分析,提高检索的准确率;利用深度学习技术对档案内容进行深度特征提取和相似度匹配,实现相关文档的自动推荐和排序。

## (二)云计算在档案存储与备份中的应用

随着云计算技术的快速发展,其作为一种新兴的信息存储和备份解决方案,正在被广泛地应用于档案领域。与传统存储方式相比,云计算在档案存储与备份中具有显著的优势。

云计算是一种基于互联网的计算方式,它将数据和应用程序从本地计算机或服务器迁移到云端,用户可以通过网络随时随地访问这些数据和应用程序。云计算的核心技术包括虚拟化、分布式存储和计算等,这些技术使得数据可以高效地存储、处理和备份。

### 1. 云计算在档案存储中的应用

传统的档案存储方式通常依赖于本地硬件设备,这种方式存在容量限制、备份困难和维护成本高等问题。而云计算的分布式存储技术可以将档案数据分散存储在多个服务器上,具有优势如下:

可扩展性:云计算的存储容量可以根据需要进行动态扩展,避免了硬件设备容量不足的问题。

可靠性:云计算的分布式存储技术可以保证数据的冗余备份,提高了数据的可靠性和安全性。

灵活性:用户可以通过网络随时随地访问云端档案数据,提高了数据的灵活性和可用性。

### 2. 云计算在档案备份中的应用

档案备份是防止数据丢失和灾难恢复的重要手段。传统的备份方式通常依赖于磁带或光盘等物理介质,这种方式存在备份周期长、管理困难和恢复时间长等问题。而云计算的备份技术可以实时将数据备份到云端,具有以下优势:

实时性:云计算的备份技术可以实时将数据备份到云端,避免了数据丢失的风险。

可恢复性:一旦发生灾难或数据丢失,可以通过云端备份快速恢复数据,缩短了恢复时间。

高效性:云计算的备份技术可以自动化地进行数据备份和恢复,提高了管理效率。

## (三)大数据在档案分析中的应用

随着信息化进程的加速,大数据已经成为当今时代的核心特征。档案作为社会活动的原始记录,蕴含了大量的信息和知识。将大数据技术应用于档案分析,能够深入挖掘档案中的潜在价值,为决策、研究和社会服务提供有力支持。

大数据是指数据量庞大、结构复杂、处理速度快的数据集合。大数据技术主要包括数据采集、存储、处理、分析和可视化等方面。通过对大数据的处理和分析,可以发现数据之间的关联关系、规律和趋势,从而为决策提供依据。

### 1. 档案分析的挑战与机遇

传统的档案分析方法主要依赖于人工阅读和简单统计,这种方法难以应对海量的档案数据,难以发现数据之间的深层关系。而大数据技术的引入为档案分析带来了新的机遇。利用大数据技术,可以对海量的档案数据进行高效处理和分析,发现数据之间的关联关系和规律,挖掘出档案的潜在价值。

### 2. 大数据在档案分析中的应用场景

(1)主题关联分析:通过对档案中的主题进行关联分析,可以发现不同主题之间的联系和规律,为决策提供依据。例如,在政府机构中,通过对政策文件、会议纪要等档案进行主题关联分析,可以发现政策制定过程中的关键因素和影响路径。

(2)趋势预测分析:通过对档案中的数据进行时间序列分析,可以预测未来的趋势和变化。例如,通过对历史气象数据的分析,可以预测未来的天气变化趋势,为农业生产、旅游规划等领域提供决策支持。

（3）个性化推荐服务：利用大数据技术对用户的行为和偏好进行分析，可以为用户提供个性化的档案推荐服务。例如，在图书馆中，通过对读者的借阅记录和浏览行为进行分析，可以为其推荐符合其需求的图书和资料。

（4）知识图谱构建：利用大数据技术对档案中的知识点进行抽取和关联，可以构建知识图谱。知识图谱是一种以图形化方式呈现的知识库，能够帮助用户快速获取所需的知识和信息。例如，在学术领域中，通过对学术论文、专利等档案进行分析，可以构建学科领域的知识图谱，为学术研究和知识创新提供支持。

### （四）区块链在电子档案认证与安全保护中的应用

随着信息化和数字化进程的加速，电子档案已经成为重要的信息载体。然而，电子档案的认证与安全保护一直是业界面临的重要问题。区块链技术作为一种去中心化、不可篡改的分布式账本技术，为电子档案的认证与安全保护提供了新的解决方案。

区块链是一种分布式数据库，通过去中心化的方式记录交易、数字资产和智能合约等信息，具有不可篡改、去中心化、匿名性和透明度高等特点。区块链技术通过加密算法和共识机制等技术手段，实现了信息的安全存储和可靠传输。

**1. 电子档案认证的需求与挑战**

电子档案的认证是确保其真实性和可靠性的关键环节。传统的电子档案认证方法主要依赖于中心化的第三方机构，如公证处、版权局等。然而，这种中心化的认证方式存在一些问题：

中心化机构容易受到攻击和篡改，导致电子档案的真实性和可靠性受到威胁。

中心化机构的操作可能存在人为错误或违规操作，影响电子档案的公正性和可信度。

中心化机构的运营成本较高，且存在地域限制，难以满足全球范围内的电子档案认证需求。

**2. 区块链在电子档案认证中的应用场景**

（1）数字签名与时间戳：利用区块链的不可篡改性和时间戳功能，可以为电子档案添加数字签名和时间戳，证明其真实性和原始性。这种方法可以应用于知识产权保护、合同签署等领域。

（2）所有权证明：通过将电子档案的元数据和所有权信息记录在区块链

上,可以建立所有权证明机制。这种方法可以应用于知识产权管理、数字资产交易等领域。

(3)内容防伪:利用区块链的分布式账本技术,可以将电子档案的内容分块存储在多个节点上,实现内容的防伪和验证。这种方法可以应用于艺术品鉴定、产品溯源等领域。

**3. 区块链在电子档案安全保护中的应用场景**

(1)加密存储:利用区块链的加密算法,可以为电子档案提供加密存储服务,确保其数据的安全性和隐私性。这种方法可以应用于敏感信息的保护和机密文件的存储。

(2)智能合约:通过将智能合约与电子档案相关联,可以自动化地执行预设规定和条件,实现对电子档案的安全控制和管理。这种方法可以应用于电子合同的自动执行、数据共享和隐私保护等领域。

(3)分布式防火墙:利用区块链的去中心化特点,可以建立分布式防火墙来防止恶意攻击和数据泄露。这种方法可以应用于网络安全防护和数据保护等领域。

## (五)物联网在档案实体管理中的应用

随着信息技术的发展,物联网技术已经逐渐渗透到各个领域。档案实体管理作为一项重要的工作,物联网的应用为其带来了新的机遇和挑战。

物联网是指通过信息传感设备,实时采集任何需要监控、连接、互动的物体的信息,与互联网结合形成一个巨大网络。物联网技术可以实现物体的智能化识别、定位、跟踪、监控和管理等功能。

**1. 档案实体管理的挑战与机遇**

档案实体管理涉及档案的存储、保管、利用等各个环节。传统的档案实体管理方式存在一些问题,如人工管理效率低下、档案损坏和丢失风险较高、档案利用不便等。而物联网技术的应用为档案实体管理带来了新的机遇。通过物联网技术,可以实现档案实体的智能化管理,提高管理效率和档案安全性。

**2. 物联网在档案实体管理中的应用场景**

(1)档案实体定位与追踪:利用物联网技术,可以实现对档案实体的定位和追踪。通过在档案库房安装传感器和 GPS 等技术设备,可以实时监测档案实体的位置和状态,及时发现异常情况并进行处理。这种方法可以应用于档案库房的安全监控和档案管理等场景。

(2)温湿度控制与环境监控:档案库房的环境对档案实体的保存具有重要

影响。利用物联网技术,可以实时监测库房的温湿度、光照等环境参数,并根据监测数据自动调节环境参数,确保档案实体保存环境的适宜性。这种方法可以应用于珍贵档案的保存和管理等场景。

(3)智能盘点与库存管理:传统的档案实体盘点方式效率低下且容易出错。利用物联网技术,可以通过 RFID 等技术手段实现档案实体的智能盘点和库存管理。通过在档案实体上粘贴 RFID 标签,可以快速准确地识别和定位档案实体,提高盘点效率和准确性。这种方法可以应用于大规模档案库房的管理和盘点等场景。

(4)自动化借阅与归还:利用物联网技术,可以实现档案实体的自动化借阅和归还。通过在档案库房门口安装传感器和读写器等技术设备,可以自动识别借阅或归还的档案实体,并记录相关操作信息。这种方法可以简化借阅和归还流程,提高档案利用效率和管理水平。

## 三、新兴技术在档案工作中的应用前景展望

### (一)智能化档案管理的普及与发展

随着信息技术的迅猛发展,智能化档案管理已经成为档案管理领域的重要趋势。智能化档案管理能够提高档案管理的效率和质量,优化档案服务水平,为档案事业的发展注入新的活力。

**1. 智能化档案管理的概念与特点**

智能化档案管理是指利用人工智能、大数据、云计算等技术手段,对档案进行智能化处理、存储、检索和利用的过程。

(1)数据处理自动化:通过自动化技术手段,实现对档案数据的自动分类、整理、编目等处理,提高数据处理效率和质量。

(2)信息检索智能化:通过智能化的信息检索技术,实现对档案信息的快速、准确检索,提高信息利用效率。

(3)服务方式个性化:通过分析用户需求和使用习惯,为用户提供个性化的档案服务,提高服务质量和满意度。

(4)管理决策科学化:通过对档案数据的深度挖掘和分析,为管理决策提供科学依据,提高决策的科学性和准确性。

**2. 智能化档案管理的普及现状**

目前,智能化档案管理已经在全球范围内得到广泛应用。许多国家已经建立了智能化的档案管理系统,实现了档案信息的数字化、网络化和智能化管

理。同时,随着云计算、大数据等技术的不断发展,智能化档案管理的数据处理能力和服务水平也不断提升。

在国内,智能化档案管理也得到了广泛的关注和应用。各级档案部门纷纷开展数字化、信息化建设,积极探索智能化档案管理的新模式和新方法。例如,一些档案部门采用人工智能技术实现档案自动分类、智能检索等功能;一些档案部门利用大数据技术对档案数据进行深度挖掘和分析,为管理决策提供科学依据。

### 3. 智能化档案管理的发展趋势

(1)技术不断创新:随着人工智能、大数据、云计算等技术的不断发展,智能化档案管理将不断涌现出新的技术和应用模式。例如,自然语言处理技术将进一步提高信息检索的智能化水平;区块链技术将为电子档案的真实性和可靠性提供更强保障;虚拟现实技术将为档案服务提供更加沉浸式的用户体验等。

(2)数据价值深度挖掘:随着数据时代的到来,档案数据的重要性将更加凸显。智能化档案管理将进一步加强对档案数据的深度挖掘和分析,充分挖掘档案数据的潜在价值,为管理决策和社会发展提供有力支持。

(3)个性化服务更加普及:随着用户需求的多样化,个性化服务将成为智能化档案管理的重要发展方向。档案管理部门将通过分析用户需求和使用习惯,为用户提供更加精准、个性化的档案服务,提高用户满意度和忠诚度。

(4)国际化合作进一步加强:随着全球信息化的深入发展,智能化档案管理将进一步呈现出国际化合作的趋势。各国档案管理部门将加强交流与合作,共同推动智能化档案管理的发展和应用。

## (二)云计算、大数据与区块链技术的深度融合

随着科技的日新月异,云计算、大数据和区块链技术逐渐成为信息技术领域的核心驱动力。

### 1. 云计算在档案工作中的应用前景

云计算为档案工作提供了无限的存储空间和强大的计算能力。档案工作者不再需要担心存储介质的损坏或数据丢失,因为云服务提供商通常会提供可靠的数据备份和恢复机制。此外,通过云计算,档案工作者可以更轻松地实现档案信息的共享和协作,提高档案的利用率和价值。

### 2. 大数据在档案工作中的应用前景

大数据技术为档案工作者提供了强大的数据分析和挖掘工具。通过对海

量数据的分析,档案工作者可以更好地理解用户需求,优化档案服务,提高档案的利用率。同时,大数据技术还可以帮助档案工作者发现数据之间的潜在联系,揭示出隐藏在档案中的有价值的信息。

### 3. 区块链技术在档案工作中的应用前景

区块链技术的核心特点是去中心化、不可篡改和透明性。对于档案工作而言,这意味着所有的档案记录都是真实且不可更改的,大大提高了档案的可信度和价值。此外,区块链技术还可以用于实现档案的版权保护,防止档案被非法复制或篡改。

### 4. 云计算、大数据与区块链技术的深度融合分析

当云计算、大数据和区块链技术深度融合时,它们将形成一个强大的技术生态系统,为档案工作带来巨大的变革。例如,通过区块链技术确保档案的真实性和可信度,然后利用云计算实现档案的存储和计算资源的共享,最后利用大数据技术对档案进行分析和挖掘,提高档案的价值和利用率。

### (三)物联网技术在实体档案管理中的广泛应用

随着科技的快速发展,新兴技术如物联网在档案工作中的应用前景十分广阔。这些技术不仅提供了新的管理方式和手段,也极大地提升了档案工作的效率和价值。

### 1. 物联网技术对实体档案管理的革新

物联网技术为实体档案管理带来了革命性的变革。通过物联网技术,实体档案可以被智能化地管理和监控,实现档案信息的实时感知、采集和传输。这大大提高了档案管理的效率和精确度,减少了人工干预和错误率。

### 2. 物联网技术在实体档案管理中的应用

(1)智能化识别与管理:通过 RFID、传感器等技术,实体档案可以被自动识别和跟踪,实现快速定位和检索。这大大提高了档案查找和利用的效率。

(2)环境监控与调节:物联网技术可以实时监测档案库房的环境参数,如温度、湿度等,并根据需要进行自动调节,确保档案的保存环境始终处于最佳状态。

(3)安全监控与预警:通过部署传感器和监控设备,物联网技术可以实时监测档案库房的安全状况,一旦发现异常情况,立即发出警报,防止档案被破坏或盗窃。

(4)数字化管理与升级:物联网技术可以将实体档案与数字档案进行有机结合,实现档案信息的全面数字化管理。这不仅方便了档案的存储和备份,还

有利于档案的长久保存。

### 3. 物联网技术在实体档案管理中的优势

(1)提升效率:物联网技术极大地提高了实体档案的管理效率,减少了人工干预和错误率。

(2)保障安全:通过实时监控和预警系统,物联网技术可以确保档案的安全与完整。

(3)促进数字化升级:物联网技术为实体档案的数字化管理和升级提供了有力支持,提高了档案管理的现代化水平。

(4)创新服务模式:物联网技术使得实体档案管理更加人性化、个性化,为档案用户提供更加便捷、高效的服务体验。

## (四)跨领域合作与创新模式的探索

在数字化和信息化高速发展的时代背景下,跨领域合作与创新已成为各行业发展的重要驱动力。

### 1. 跨领域合作对档案工作的影响

随着社会信息化的深入推进,档案工作涉及的领域越来越广泛,与众多行业之间的联系也愈发紧密。跨领域合作可以为档案工作带来多方面的优势:

(1)资源共享:通过与相关领域的合作,档案部门可以共享到更多的资源,如技术、人才、设备等,从而提升档案工作的效率和价值。

(2)知识互补:不同领域的知识和经验可以相互借鉴,为档案工作提供新的思路和方法,促进档案管理的创新与发展。

(3)市场拓展:通过与相关行业的合作,档案部门可以更好地了解市场需求,拓展档案服务的应用领域,提高档案的利用率和价值。

### 2. 创新模式在档案工作中的应用

创新是推动档案事业发展的关键动力。在跨领域合作的背景下,创新模式的探索与实践显得尤为重要:

(1)服务创新:借助新兴技术手段,档案部门可以创新档案服务模式,提供个性化、智能化的档案服务。通过运用大数据分析、人工智能等技术,档案部门可以深入挖掘用户需求,为用户提供定制化的档案信息推送、智能化的查询与利用服务。这种服务模式能够更好地满足用户多元化的需求,提升档案服务的品质和价值。

(2)管理创新:档案部门需要不断优化档案管理流程,引入现代化管理理念和方法。通过运用先进的管理工具和技术手段,档案部门可以实现档案的快速整理、分类和存储。同时,通过规范档案管理流程,确保档案的完整性和安全性,提高档案管理的效率和规范化水平。这有助于提升档案服务质量,满足用户对档案信息的多样化需求。

(3)技术创新:档案部门应积极寻求与科技企业的合作,共同推动档案管理技术的研发与创新。通过与科技企业的合作,档案部门可以获得先进的技术支持,解决档案管理中遇到的技术难题,提升档案工作的效率和质量。同时,这种合作模式也有助于档案部门紧跟科技发展趋势,及时更新档案管理技术,保持档案工作的先进性和可持续性。

(4)模式创新:为了适应信息化社会的发展需求,档案部门需要积极探索档案工作的新模式。通过结合"互联网+档案管理"模式,档案部门可以为用户提供更加便捷、高效的档案服务。同时,借助"云计算档案管理"模式,档案部门可以实现档案资源的集中管理、高效存储与安全保障,进一步提升档案工作的现代化水平。

### (五)用户体验与服务质量的大幅提升

随着科技的飞速发展,用户体验与服务质量的提升已成为各行各业共同追求的目标。对于档案工作而言,如何将新兴技术与档案业务紧密结合,为用户提供更优质的服务,是当前及未来发展的重要方向。

**1. 用户体验与服务质量在档案工作中的价值**

用户体验与服务质量的提升对于档案工作具有深远的意义:

(1)满足用户需求:随着信息时代的到来,用户对档案服务的需求呈现多样化、个性化的发展趋势。为了更好地满足用户需求,档案部门必须不断提升用户体验与服务品质。通过提供便捷、高效的档案服务,档案部门可以增强用户满意度,树立良好的社会形象,为档案事业的可持续发展奠定坚实基础。

(2)提升档案价值:优质的档案服务不仅提供方便快捷的查询与利用途径,更能深入挖掘档案的价值,使档案资料更好地服务于社会发展。通过不断创新服务模式、提升服务质量,档案部门能够使档案成为推动社会进步的有力工具,为决策者提供可靠的历史依据,为研究者提供丰富的学术资源。

(3)增强档案部门形象:良好的用户体验与服务口碑是提升档案部门社会形象的关键。当用户对档案服务感到满意并积极传播时,档案部门的社会影响力也会随之增强。这不仅有助于吸引更多用户使用档案资源,还有助于促进档案部门与其他机构的合作,共同推动档案事业的发展。

**2. 新兴技术在提升用户体验与服务质量中的应用**

新兴技术为档案工作提供了有力的支持,有助于提升用户体验与服务品质：

(1)智能化服务:通过应用人工智能和机器学习技术,档案部门可以提升服务的智能化水平。智能问答系统可以根据用户提问,自动匹配档案信息,快速提供准确的答案,有效提高服务效率。此外,机器学习技术还可以用于档案分类、摘要生成等方面,进一步优化档案管理和利用。

(2)个性化推荐:利用大数据分析技术,档案部门可以对用户行为进行深入研究,深入挖掘用户对档案资源的需求。通过对用户查询历史、浏览习惯等数据的分析,档案部门可以为用户提供个性化的档案推荐服务,满足用户的个性化需求,提高档案的利用率和价值。

(3)虚拟现实与增强现实技术:通过虚拟现实(VR)和增强现实(AR)技术,档案部门可以为用户创造沉浸式的档案浏览体验。用户可以身临其境地感受档案中的场景,更直观地了解档案内容。这种交互式的体验使档案查询与利用变得更加生动有趣,吸引更多用户参与其中。

(4)移动化服务:借助移动设备与移动互联网技术,档案部门可以为用户提供更加便捷的档案访问服务。无论用户身处何地,都能通过手机、平板等设备随时随地访问档案资源,打破时间与空间的限制。这不仅能提升用户满意度,还能促进档案资源的利用和传播。

(5)社交媒体互动:利用社交媒体平台,档案部门可以与用户进行实时互动,通过关注用户动态、回复评论和私信,深入了解用户对档案服务的需求和期望。同时,借助数据分析工具,档案部门可以收集用户反馈,有针对性地优化服务流程,提升用户体验。

# 参 考 文 献

[1]王向明.档案管理学原理[M].上海:上海大学出版社,2009.

[2]陈兆祦,沈正乐.现代档案工作实务[M].北京:中国档案出版社,2001.

[3]王萍,宋雪雁.电子档案管理基础[M].北京:清华大学出版社,2006.

[4]陈兆祦,和宝荣,王英玮.档案管理学基础.第三版[M].北京:中国人民大学出版社,2005.

[5]丁敬霞.试述文书归档"六步法"[J].档案管理,2021,(05):80-81.

[6]王艳丽.智能化时代下档案管理信息化的挑战与应对[J].参花(上),2023,(10):107-109.

[7]冯慧敏.档案管理与数据管理的协同研究:分类分级视角[J].中国档案,2023,(05):32-34.

[8]林小红,应好仁,楼冬仙.科学推进档案"三合一"制度[J].浙江档案,2023,(05):54-56.

[9]冯姣.论区块链技术在电子档案保管中的适用及限度[J].档案学研究,2023,(05):131-139.

[10]秦佳.纸质档案的保管利用与服务研究[J].造纸装备及材料,2023,(09):161-163.

[11]郝磊.数字档案保管模式发展思路分析[J].办公室业务,2023,(01):136-138.

[12]李贞贞,刘川豪,刘垚.云环境下档案数字资源信息安全保障联盟建设构想[J].北京档案,2022,(12):6-10.

[13]曾凤鸣,袁霞,郭嘉林等.档案保管期限自动鉴定功能研究[J].中国档案,2022,(11):72-74.

[14]曹颖莹.基于现代科学技术的档案修复技术探讨[J].兰台内外,2023,(30):25-27.

[15]王心.基于造纸技术的古代纸质档案保护研究[J].造纸科学与技术,2023,(05):79-81+95.

[16]张孝飞,徐蕾.探析虚拟现实技术在档案保护与利用中的应用前景[J].档案管理,2023,(05):96-98.

[17]周耀林,韩舒悦,李雪.面向需求的区域性档案保护中心建设策略研究[J].档案与建设,2023,(09):14-18.

[18]李锦华.基于利用者需求的档案利用服务对策研究[J].档案,2022,(11):13-17.

[19]赵屹.网络档案信息检索可视化内容研究[J].档案学研究,2023,(05):124-130.

[20]郑岚.档案库房智能化管理的安全隐患及建议[J].中国管理信息化,2023,(20):180-182.

[21]蒙艳姿,陈彤,赖丽娟.基于RFID的智能档案库房管理系统建设与实践[J].档案,2023,(05):77-80.

[22]刘振令.电子档案管理系统的设计与实现[J].集成电路应用,2023,(07):322-323.

[23]刘冬.基于用户自定义的电子档案管理系统设计[J].信息记录材料,2023,(08):134-136.

[24]梁美红.档案管理数字化转型的实践研究[J].办公室业务,2023,(22):137-139.

[25]崔沁昉.档案工作数字化转型探索[J].兰台世界,2023,(S1):161-163.

[26]陶德禹.信息技术发展给档案工作带来的机遇和挑战[J].兰台内外,2023,(36):77-79.

[27]朱劲松.信息时代档案管理工作面临的问题及对策分析[J].秦智,2023,(10):134-136.

[28]郭菲琳.人工智能技术在档案工作中的应用逻辑与路径展望[J].兰台内外,2022,(32):28-30.